Spreewälder Lebensrezepte

Was macht den Spreewälder stark?
Kneedeln, Leinöl und Quark.

Was schmeckt am zur Sunntagsruh?
Kaffee und Plinze dazu.

Was werd er immer lieben?
Grützwurscht und große Grieben.

Was giebt am Mut und Zorn?
Alter Cottbuser Korn.

Was klärt den Kopp bei Mann und Frau?
Saure Gurken aus Lübbenau.

Christel Lehmann-Enders

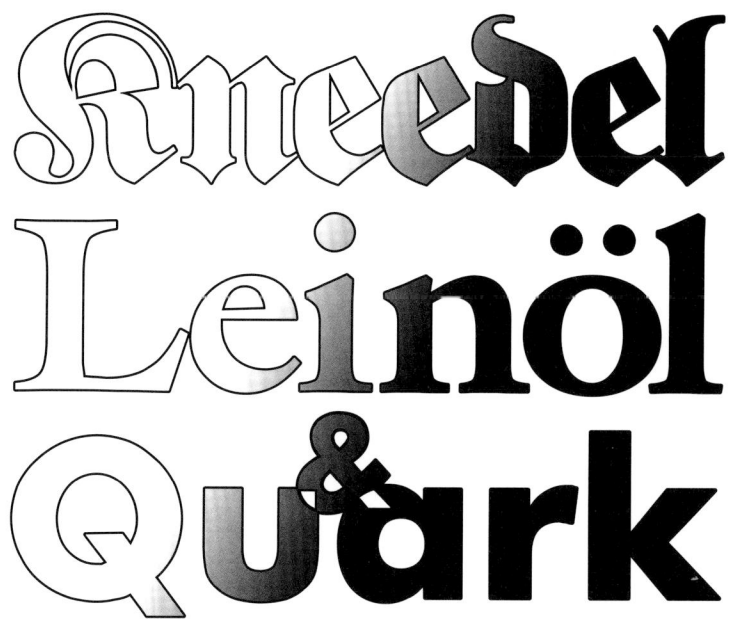

EIN KLEINER EXKURS

DURCH DIE SPREEWÄLDER KÜCHE

HERAUSGEBER: HEIMAT-VERLAG LÜBBEN
15907 LÜBBEN, FRIEDENSSTRASSE 10
TEL.: 03546/2483 • FAX: 03546/186030

2. AUFLAGE, JUNI 1999
ISBN 3-929600-10-2

INHALTSVERZEICHNIS

VORWORT

DAS große Interesse an der Ernährungsweise und den Rezepten der Spreewälder zeigt die Notwendigkeit, dieses Thema einmal in gedruckter Form festzuhalten und so der breiten Öffentlichkeit in die Hand zu geben.

Angeregt durch meinen Vortrag „Essen und Trinken hält Leib und Seele zusammen", den ich im Sommer 1996 im Freilandmuseum in Lehde vor überfülltem Hause gehalten habe, setzte ich meine bereits begonnenen Untersuchungen zum Thema zielstrebig fort.

Mit dem nun vorliegenden Buch haben viele Menschen die Möglichkeit, sich Einblick über die historische Spreewälder Kost zu verschaffen, was ihnen sonst nur teilweise vom Hörensagen gelingt.

So manches Gericht aus der Spreewaldküche konnte sich bis in die Gegenwart hinein erhalten und erfreut sich großer Beliebtheit. Die Mehrzahl aber ist auf Grund ihrer bescheidenen Zutaten für immer verschwunden. Die Darlegung der verschiedenen Speisen respektive Speisefolgen in diesem Buch sollen dazu beitragen, daß die einfache Spreewälder Kost nicht ganz und gar in Vergessenheit gerät.

Das Buch ist dem vierzigjährigen Bestehen des Freilandmuseums in Lehde gewidmet, in dem die Ernährung unserer Altvorderen nur andeutungsweise vermittelt werden kann.

Auch im Buch konnte nur eine repräsentative Auswahl von Rezepten der Spreewälder Küche Berücksichtigung finden, die die Darstellung der früheren Eß- und Trinkgewohnheiten der hiesigen Bewohner unterlegen.

Dank möchte ich all den Personen sagen, die bereit waren, mir ihre Rezepte kundzutun.

So bedanke ich mich vor allem bei Luise Bramer und Lowiza Hänsch, genannt Schroschkoa, aus Burg und bei Roswitha Winter, die den Hauptanteil der traditionellen Rezepte aus Lübbenau beisteuerte. Ebenso danke ich Angelika Rösler, Andrea Pursche und Marianne Conrad für die freundliche Übermittlung ihrer Kochrezepte, sowie bei allen Probanten, die mir im Rahmen meiner früheren Untersuchungen zu den Hochzeits- und Eheschließungsbräuchen frei und offen ihre Alltags- und Festgerichte mitteilten.

Ganz herzlich möchte ich meinem Ehemann, Wilfried Lehmann, danken. Er ermöglichte mir die Veröffentlichung des wohl berühmtesten Rezeptes der Spreewaldsoße, das er Tante Anna aus der Dubkowmühle abgelauscht hat, und das seit dem auch von ihm als „Geheimrezept" streng gehütet wurde.

Ich bedanke mich auch bei meiner Tochter, Ute Henschel, die mit ihren Zeichnungen, meine Arbeit künstlerisch vervollständigte.

Mein ganz besonderer Dank gilt Andreas Funke und dem Heimat-Verlag Lübben, der es kurzfristig und überhaupt erst möglich machte, daß dieses Buch zum Museums-Jubiläum erscheinen konnte.

Das vorliegende Buch soll kein Kochbuch sein und erhebt auch nicht den Anspruch auf Vollständigkeit. An dieser Stelle sollen lediglich die Ergebnisse von Untersuchungen im Spreewald vorgestellt werden, bei denen die Verfasserin „den Leuten auf's Maul" und in die Küche geschaut hat.

Christel Lehmann-Enders   Lübbenau, im April 1997

VON DER DREHMÜHLE ZUM HIRSEKOHL

DAS menschliche Leben war und ist von Beginn seiner Existenz an auf das engste mit der Pflanzenwelt verbunden. Pflanzen geben dem Menschen Nahrung und Kleidung, dem Vieh reiches Futter.

Schon in der jüngeren Steinzeit (Neolithikum) brachten die zugewanderten Bandkeramiker Ackerbau und Viehzucht sowie die im Vorderen Orient bekannten und angebauten Kulturpflanzen nach Mitteleuropa. Dazu gehörten Weizen, Gerste, Hafer, Dinkel, Emmer, Einkorn, Erbsen, Hirse, Linsen, Lein, Mohn und Ackerbohnen.

Später gelangten durch die fast 500jährige römische Besetzung von Westeuropa und des südlichen und westlichen Mitteleuropas weitere Kulturpflanzen, Heil- und Gewürzkräuter sowie der Obst- und Gemüseanbau in unser Land.

Die im 6. Jahrhundert von Süden und Südosten eingewanderten slawischen Stämme verfügten bereits über das Wissen des entwickelten Getreideanbaus und der Feldbau war die Hauptquelle zur Gewinnung von Nahrungsgütern.

Bei Ausgrabungsarbeiten in der ersten Burg von Tornow bei Calau aus dem 7.-8. Jh. fanden die Archäologen zum Beispiel in einem Gebäude am Tor größere Mengen Roggen, Weizen und Hirse. In der Burgmitte entdeckten sie sogar einen Erdspeicher, in dem sich ca. 65 Kilo Roggen befanden.

Hafer und Gerste bauten die slawischen Siedler weniger an.

Die archäologischen Entdeckungen belegen außerdem, daß die Ackerbauern schon eine eiserne, asymmetrische Pflugschar zur Auflockerung des Bodens kannten.

Obgleich der Lein seit frühester Zeit als Ölfrucht und Faserpflanze angebaut wurde, bildete das Getreide sowohl in alt- als auch jungslawischer Zeit den Hauptanteil unter den Feldfrüchten.

Die Bauern praktizierten damals zwei Arten der Getreidespeicherung: das Vergraben der Körner im Erdboden oder ihre Aufbewahrung auf trockenen und luftigen Hausböden. Die erste Variante schien ihnen jedoch die bessere und sicherste gewesen zu sein. So blieb beim Vergraben der Vorrat im Falle eines Brandes unversehrt und war zugleich vor dem Zugriff Fremder geschützt. In zwei Meter tiefe, birnenförmige Gruben, die mit

Stroh ausgelegt waren, schüttete man die zuvor gerösteten Körner und schloß anschließend die „Vorratskammer" luftdicht ab.

Zur weiteren Verarbeitung des Getreides benutzte man sogenannte Drehmühlen mit dazugehörenden Mahlsteinen. Sie zählten zu den wichtigsten und dauerhaftesten Geräten in der slawischen Hauswirtschaft. Die Drehmühlen mußten von weit her geholt werden und die aufgefundenen Porphyrmahlsteine aus den Siedlungsanlagen Vorberg und Tornow bei Calau stammten nachweislich aus der Umgebung von Rochlitz an der oberen Mulde.

Die Existenz von Drehmühlen und Mahlsteinen ist das sicherste Zeichen für den Anbau von Brotgetreide. In Kriegszeiten hängten die Bauern ihre Mahlsteine nicht selten in den Bäumen auf, um bei ihrer späteren Rückkehr daran das Heimatdorf wiederzuerkennen.

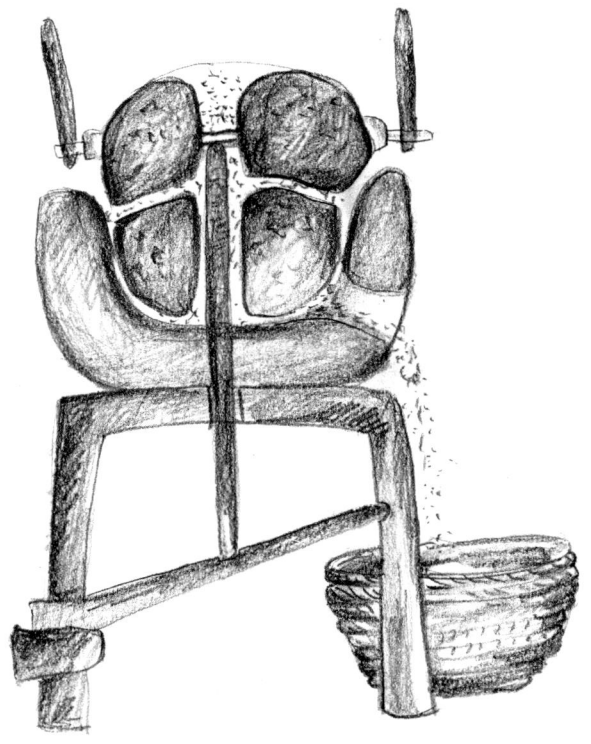

Drehmühle (nach Leciejewicz)

Botanische Funde belegen auch, daß das Einsammeln von Wildfrüchten üblich war. Es ist sehr wahrscheinlich, daß die verschiedensten Beerenfrüchte, Haselnüsse, Eicheln, Holunder und Wildgräser die täglichen Mahlzeiten unserer Altvorderen ergänzten.

Drei Kulturpflanzen, die nachweislich eine sehr lange Anbautradition als Nahrungsmittel haben, sollen an dieser Stelle näher erläutert werden. Zu ihnen gehören die Rispenhirse (ns. jagły), der Buchweizen, auch Heidekorn genannt (ns. pšusnica) und der Lein (ns. lan).

Die Hirse als Getreideart war in der gesamten Niederlausitz seit der Jüngeren Steinzeit verbreitet. Daraus entwickelten sich bestimmte Hirsegerichte, die entweder heute noch von älteren Spreewaldbewohnern gekocht werden, oder sie sind ihnen zumindest aus ihrer Kinder- und Jugendzeit gut in Erinnerung.

Vorwiegend wurden Hirsekraut, Milchhirse oder Hirseklöße zubereitet. Als ein besonderes Gericht galt „Bundele". Aufgebrühte, dicke Hirse wurde mit Fett oder Leinöl vermengt, zu Klößen geformt, danach in Kohlblätter gewickelt und anschließend gekocht.

Hirsekraut wurde in Burg folgendermaßen zubereitet:

Hirsekraut

Das geschnittene Weißkraut mußte in einem Topf mit Salzwasser und Zwiebeln aufgekocht werden. Während des Kochprozesses brühte man die Hirse in Milch und köchelte die Milch solange, bis die Hirse darin gequollen und dick war. Anschließend goß man das Kochwasser vom Kraut ab. Schichtweise wurden nun Kraut und Hirse in einem anderen Topf übereinander gelegt. Auf die Mitte der oberen Schicht brachte die Hausfrau in Margarine ausgelassene, durchwachsene Speckwürfel, ein kleines Stück Butter und etwas Leinöl. Nach gründlichem Vermengen aller Zutaten war die Hirsespeise fertig.

„AM BESTEN WIRD DER KOHL UNS MUNDEN, DER RUHEN KONNTE EIN PAAR STUNDEN." (sorb. Sprichwort)

Während früher hierzu frische Milch getrunken wurde, reichte man in neuerer Zeit selbst eingemachte Kompotte, meist süß-sauren Kürbis dazu.

Buchweizen (Heidekorn) gelangte im Mittelalter von Zentralasien nach Deutschland und wurde vor allem für den Eigenbedarf kultiviert. Buchweizengrütze oder andere Grütze-breigerichte fanden in der Spreewälder Küche eine weite Verbreitung. Nach seinem Rückgang im Verlaufe des 20. Jh. erlangte der Buchweizen als Nahrungsmittel erst gegenwärtig wieder an Bedeutung.

Der Lein als Faser- und Ölpflanze hat eine ebenso lange Anbautradition. Er hat auch heute nichts von seinem hohen Stellenwert als Nahrungs- und Heilmittel eingebüßt, obwohl der feldmäßige Anbau des Leins im Spreewald kaum noch betrieben wird.

Neben vielen Speisen, bei denen das Leinöl nicht fehlen darf, genießen allerorts die Einheimischen frisches Leinöl mit einem trockenen Brötchen, das in Zucker gestippt wird. Eine Tasse Kaffee ergänzt den kleinen Imbiß.

Außer Getreideanbau und Viehzucht hatte sich bei den Slawen auch der Obst- und Gemüseanbau schon entwickelt.

Ibrahim ibn Jakub, arabischer Reisender jüdischer Herkunft, berichtet über Apfel-, Birnen- und Pfirsichbäume, die den größten Teil der Obstbäume bei den Slawen ausmachten. Auch Pflaumen und Kirschen waren den Siedlern als eßbares Steinobst bekannt. Bei Ausgrabungsarbeiten am Burgwall Ragow 1970/71 entdeckten die Archäologen in einer Vorrats-grube einen Gefäßrest, in dem sich Kirschkerne befanden.

Himbeermarmelade

- 500 g Himbeeren, 375 g Zucker
  1 Gläschen Himbeergeist
- die reifen Früchte werden durch ein Sieb gerührt
  und mit dem Zucker vermischt
- diese Masse über Nacht an kühler Stelle
  ziehen lassen
- unter ständigem Rühren die Masse einkochen
  bis sie dickflüssig vom Löffel tropft
- Himbeergeist unterrühren, heiß in Gläser einfüllen
  und sofort verschließen

DIE GEMÜSEKAMMER DEUTSCHLANDS

SEIT Jahrhunderten ist die Spreewaldregion für ihren Gemüseanbau berühmt. Kaum ein Reiseschriftsteller hat in seinen Landschaftsbeschreibungen diese typische Erwerbsquelle ausgespart. Zwiebeln, Gurken und Meerrettich sind auch heute noch Inbegriff für echte Spreewälder Kost.

Die früher vorwiegend in Spatenkultur angebauten Gemüsearten fanden auf den Märkten tonnenweise Absatz. Im 1. Weltkrieg war der Spreewald sogar zum einzigen und größten Zwiebellieferanten für ganz Deutschland aufgestiegen.

Seit dem 15. Jh. intensivierten die Spreewälder den Zwiebelanbau beachtlich. Zwiebeln gehörten einstmals sogar bei der Hofübernahme an die Kinder zum Abgabeanspruch, den sich die Alten notariell versichern ließen, wie wir aus einem Gerichtsprotokoll in der Stadtchronik von Lübbenau (P. Fahlisch, 1877) ersehen können:

„ Item, Urbanine Schullerine ist vor Richter und Schöppen kommen an einem Teile und Hans, Jhrer Tochter Mann am anderen Teile und haben sich vertragen des Erbes halber, und hat die Urbanine ihrem Sohne ein solch Gut verreichet, und Hans soll ihr auf dem Gute die Hälfte Hopfen geben und Hälfte Zwippeln, und er soll och enne Kammer einräumen, also lange, als es ihr behaglich ist. A.d. 1488"

Außerdem bauten die Bewohner des Spreewaldes in größerem Umfang Mohrrüben, Pastinak, Rüben, Hanf, Sellerie, Dill, Majoran (Wurstkraut), Koriander, Senf, Hirse, Mohn, Linsen, Erbsen, Acker- und Saubohnen, Wicken und Kürbis an.

Zu Anfang des 18. Jh. gewann eine neue Feldfrucht zunehmend an Bedeutung - die Kartoffel.

J.F. Merbach schreibt 1833: „Die Kartoffel, noch im Jahre 1745 hier völlig unbekannt, und auch in Pommern und Brandenburg vom unkundigen Volke verachtet - ist im Laufe der Zeit Wohlthäterin unseres Vaterlandes ... geworden. Sie nährt auch bey uns Hunderte von Menschen, die sonst darben müßten, und ist anerkannt der Schutzgeist, welcher die Schrecken der Hungersnoth abwehrt, die sonst Scharen von Elenden dahinraffte."

Die Kartoffeln prägten seit dem den Charakter der Tagesmahlzeiten der hiesigen Bevölkerung. Sie bildeten in den
bäuerlichen Familien vor allem wochentags fast immer das
Hauptgericht und waren auch für die ärmeren Schichten er-
schwinglich. So berichtete C.G. Schmidt 1789 über die landwirtschaftlichen Verhältnisse in der Niederlausitz:

„Das meiste Landvolk ist so unwissend und störrisch, als
sein Boden sandig und unfruchtbar, muß etwas strenge
gehalten werden, wenn es gut thun soll, und trägt auf diese
Art das Gepräge seiner schlawischen Abkunft, da es
meistens Leibeigene und bis an die Neiße Wenden sind.
Doch sie sind stark, ausdauernd, mithin gute Soldaten und
arbeitsam, auch trifft man unter ihnen, besonders unter
den Einwohnern des Spreewaldes, viele gutgesinnte Leute
an, die mit einer Art von Herzlichkeit an einem hangen,
wenn man sich einmal ihr Zutrauen erworben hat.

Bei ihrer Genügsamkeit und Angewöhnung von
frühester Jugend auf zur härtesten Arbeit und schlechtesten
Kost verlangen sie nicht einmal, wie unser sächsisches
Gesinde, nach täglichem Fleisch, Speck und Butter, sondern
sind mit ihrer gewöhnlichsten Speise, den Erdbirnen oder
Cartoffeln, zufrieden." (nach R. Lehmann)

In den letzten Jahrzehnten des 18. Jh. und zu Beginn des
19. Jh. stieg der Kartoffelanbau enorm an. 1805 übertraf die
Ernte sogar den Roggenertrag und erreichte eine Rekordhöhe.
Um jeden Verlust an Kartoffeln, auch den der im Winter erfro-
renen, zu vermeiden, erschien um die Mitte des vorigen Jahrhunderts in der Calauer Presse ein wichtiger Hinweis an die
Hausfrau zur:

„Nutzbarmachung gefrorener Kartoffeln.

Man lege die zum Gebrauch bestimmte Menge gefrorener
Kartoffeln in kaltes Wasser, und wenn sie nach 10-15 Minuten
in Eis gehüllt sind und selbst das Wasser mit einer leichten
Eisschicht bedeckt ist, nimmt man sie heraus; sie sollen dann
wieder so gesund und wohlschmeckend wie die gewöhnlichen
Kartoffeln sein.

Es ist auch wichtig, daß man bei eintretendem Thau-
wetter die gefrorenen Kartoffeln nicht in der Luft aufthauen

laſſe, man übergieße ſie dann vielmehr 1 bis 2 3oll hoch mit kaltem Waſſer, laſſe dieſes, wenn ſie eine Eishülle bekommen haben, abfließen, wiſche die Eiskruſte mit einem Tuche ab und trockne die Kartoffeln in einem warmen 3immer." (1854)

Kartoffeln (Kneedeln), Leinöl und Quark machten früher die täglichen Mahlzeiten aus. Schon am Morgen, beim gemeinschaftlichen ersten Frühstück mit dem Gesinde, reichte die Bäuerin entweder dicken Mehlbrei oder „Kartoffeln in der Schale, Pellkartoffel oder Knödel genannt, dazu Leinöl, das aus einem gemeinsamen Topf getaucht wird." (E. Müller)

Zur Mittagszeit gab es wiederum Kartoffeln mit Quark und Leinöl oder der Jahreszeit entsprechend Graupen, Grütze, Hirse, Buttermilch-, Bier- oder Fliedersuppe.

Das Abendbrot bestand allgemein aus dem bereits erwähnten Kartoffelgericht.

Kartoffelernte in Eichow 1916

Durch das große Angebot an Kartoffeln entstanden in der Spreewälder Küche weitere einfache Gerichte, wie Pellkartoffeln mit Stippe, mit Speckgrieben und saurer Gurke, mit Schlippermilch (Schlickermilch) oder mit Hering, Stampfkartoffeln mit Stippe oder Bratkartoffeln mit dicker Milch.

Pellkartoffeln

... mit Stippe

- geräucherten Speck (ca. 500 g) in nicht zu kleine Würfel schneiden und auslassen
- 2 kleine geschnittene Zwiebeln dazugeben
- mit 100 ml saurer Sahne ablöschen
- mit Mehl überstäuben und verrühren

... mit saurem Hering

- Salzheringe filetieren und wässern, in mundgerechte Stücke schneiden
- Piment, Lorbeerblatt, viele Zwiebelringe (oder gewürfelt), Apfelstücke und Gewürzgurken dazugeben
- mit saurer Sahne bedecken und ziehen lassen
- vor dem Servieren einen kräftigen Schuß Leinöl dazugeben

... mit Leinöl und Salz

- zum Stippen

... mit saurer Sahne und Salz

- zum Stippen

Kartoffelsuppe á la Roswitha

- 500 g Rauchfleisch abkochen, Möhren, Sellerie, Porree und Zwiebeln (event. Wurst und Schinkenspeckreste) mitkochen
- Fleisch und Gemüse herausnehmen und zerkleinern
- ca. 1,5 - 2 kg Kartoffeln halbieren oder vierteln und mit einer Hand voll getrockneter Pilze (vorher einweichen) weichkochen
- Kartoffeln durchstampfen, zerkleinertes Fleisch und Gemüse hinzufügen und mit Salz und Pfeffer abschmecken
- Speck auslassen, 1 Zwiebel glasig dünsten und alles in die Suppe geben
- für eine pikante Note kann man nach dem Servieren 1 - 2 Eßl. Gewürzgurkenbrühe und klein geschnittene Gewürzgurken hinzufügen

Auf slawischen Ursprung gehen der Gurken- und Meer-rettichanbau zurück (vgl. Krausch, D.). Der seit dem 16. Jahrhundert enorm gestiegene Gurkenanbau wird auch gegenwärtig noch betrieben.

Im Verlaufe der Jahrhunderte haben sich für die Zubereitung von Gurken zahlreiche Rezepte herausentwickelt, die oft als traditionelle Familienrezepte streng gehütet werden. Schon frühzeitig konservierte man Gurken in Holzfässsern oder Steinguttöpfen. Sie waren jedoch meist nicht für eine längere Bevorratung geeignet. Erst 1874 entdeckte der ehemalige Lübbenauer Schulze, daß durch Anstechen der Gurken die Haltbarkeitsdauer verlängert werden konnte.

Inzwischen haben die vielseitigsten Zubereitungen von Gurken ihre ständigen Abnehmer gefunden. Dickbauchige Gurken allerdings waren früher wie heute weder beim Aufkäufer noch bei der Hausfrau sehr beliebt. Vielmehr bevorzugte man die schlanke Salatgurke und die kleinen „Einleger" (Einlegegurke), die möglichst auch noch kernlos sein sollten.

Entscheidend für den Geschmack der eingelegten Gurken ist die Qualität des verwendeten Wassers. Die einen benutzen hartes, kalkhaltiges Wasser, andere dagegen nur weiches und kalkarmes Regenwasser. Der allgemeine Säuerungsprozess ist abhängig von der jeweiligen Lagerung der Gurken in ihren verwendeten Holz- oder Tongefäßen. Während in kühlen Räumen ein Säuerungsprozeß länger dauert, sind die Gurken bei wärmeren Standorten schneller „durch".

Gegenwärtig werden die Gurken im Spreewald nach den verschiedensten Rezepturen verarbeitet. Man unterscheidet in Gewürz-, Schnell-, Dill-, Pfeffer-, Senf-, Salz-, Saure- und Knoblauchgurken.

Schnellgurken nach Burger Art: (L. Hänsch)

Die Gurken werden gründlich mit Wasser gereinigt und schichtweise in Holzfässer oder große Steinguttöpfe gelegt. Als Würze kommen Pfefferkraut, Dill, Senfkörner, Zwiebel und Pfeffer hinzu. Die oberste Gurkenschicht deckt ein Brett ab, das mit einem Stein beschwert wird. Anschließend gießt man eine abgekochte Mischung von Wasser, Essig, Zucker und Salz darüber.

Sind die Schnellgurken für den alsbaldigen Verzehr gedacht, muß die übergossene Wasser-Essig-Mischung noch im heißen Zustand sein.
Die Gurken sind bereits nach 5 Tagen eßbar.
Will man die Gurken aber bis zum Winter aufbewahren, muß das abgekochte Essigwasser im erkalteten Zustand über die Gurken gebracht und der Gurkentopf in den kühlen Keller gestellt werden.

Gewürzgurken (R. Winter)

- 2 bis 3 kg kleine Einleger
- für die Lake 1 Liter Essig, 4 Liter Wasser, 1 Tl. Salz, 1/2 Tl. Zucker, 1 Lorbeerblatt aufkochen
- pro Glas 1 Eßl. Senfkörner, frischen Dill, 1 geviertelte Zwiebel, ca. 8 Pfefferkörner, 3 Pimentkörner, 1 Stück Meerrettich, einige Blättchen Estragon, Basilikum und Thymian
- Gurken in die Gläser schichten, Lake darüber gießen, die Gurken müssen vollständig bedeckt sein
- ca 15 min. einkochen

Die Burger praktizierten früher beim Gurkenanbau eine ganz besondere Methode, die ihnen eine reiche Ernte versprach. So glaubten sie: „Wenn man zufällig einen Strick findet, so soll man ihn aufheben und wenn die Gurken blühen, in kleine Stückchen schneiden und dieselben in die Gurken hineinstreuen." (W. v. Schulenburg) Diese Handlung sollte bewirken, daß weniger „taube" Blüten und mehr Gurken an den Gurkenpflanzen wuchsen.

Gurkensalat

... zu Pellkartoffeln oder Stampfkartoffeln und Rührei

- 3 Salatgurken schälen, raspeln (Gurkenwasser abgießen)
- würzen mit Salz, Pfeffer, 1Tl. Zucker und einem Spritzer Essig, ziehen lassen
- mit saurer Sahne oder Schmand, oder süßer Sahne auffüllen, einen kräftigen Schuß Leinöl dazu und frischen gehackten Dill, wenn vorhanden auch Petersilie, Schnittlauch und wenig Borretsch untergeben

Eine Anekdote auf dem Spreewald

Im Spreewald soll sich vor Jahren folgende Sache zugetragen haben:

Während in den Gärten der Bauern eines hiesigen Dorfes die Gurken nur schlecht gediehen, wuchsen sie im Pfarrgarten ausgezeichnet. Deshalb holten sich die Bewohner heimlich eine Gurke nach der anderen, bis nur noch eine einzige übrig blieb. Das gefiel dem Pfarrer gar nicht. Er pflückte die letzte Gurke ab, steckte sie voller Zorn in seine Hosentasche und ging zum Gottesdienst. Diesmal predigte er lauter als sonst von der Kanzel herab von Diebstahl und anderen Schlechtigkeiten der Menschen, bis er endlich auch auf den Gurkendiebstahl in seinem Garten zu sprechen kam. Zu diesem Zweck holte er die ihm verbliebene Gurke aus der Tasche und rief drohend von der Kanzel: „Ich werfe diese Gurke, die mir noch gelassen wurde, demjenigen an den Kopf, der die übrigen gestohlen hat!" Daraufhin duckte sich mehr als die Hälfte der Gemeinde= mitglieder in den Kirchenbänken.

Der Spreewald ist neben dem Land Bayern seit Jahrhunderten Hauptanbaugebiet für Meerrettich (ns. k#en).

Die Bauern brachten in der Vergangenheit ihren geernteten Meerrettich mit dem Kahn nach Lübbenau, um ihn auf dem Markt zu verkaufen. Mitte des 18.Jahrhunderts waren es bis zu 20.000 Zentner jährlich. 1882 schreibt Fontane, daß Kahn-"Flottillen" bis zu 300 Kähnen im Spätherbst auf den Fließgewässern mit Meerrettich nach Lübbenau unterwegs waren, wo Aufkäufer aus aller Herren Länder warteten.

Die grauen Meerrettichstangen wurden auch als Frischware auf den Cottbuser Jahrmärkten angeboten. Um die Kauflust der Marktbesucher zu erhöhen, rieb man die mehr oder weniger unansehnlichen Stangen mit weißem Sand ab, bevor sie auf den Markt kamen, um sie optisch aufzuhellen.

Für die Verwendung des frischen Meerrettichs in der Küche schnitt die Hausfrau ein Stück von der Stange ab, schälte dieses mit einem Messer und zerkleinerte es mit Hilfe eines Reibeisens. Den Rest der Meerrettichstange mietete sie für die spätere Verwendung in Sand ein.

1932 gelang es dann erstmals, mittels Benzolsäurezusatz den frisch geriebenen Meerrettich länger haltbar zu machen. In Gläsern konserviert, trat er jetzt seinen Siegeszug in viele Küchen außerhalb des Landes an. Frischer Meerrettich fand und findet noch heute hauptsächlich beim Festgericht „Rindfleisch mit Meerrettichsoße" Verwendung.

Rindfleisch mit Meerrettichsoße (R. Winter)

- ca. 1,5-2 kg Rinderschmorfleisch mit viel Wurzelwerk (Zwiebeln, Möhren, Sellerie), Salz, Pfeffer abkochen, danach erkalten lassen
- Mehlschwitze zubereiten (zu gleichen Teilen Butter und Mehl) und mit der erkalteten Brühe ablöschen,
- nochmals mit Salz, Pfeffer und eventuell mit wenig Zucker abschmecken
- 1-2 verquirlte Eier unterziehen, nicht mehr kochen!!!
- nun reichlich Meerrettich (wenn möglich nur frisch von der Stange geriebenen) in die Soße geben, bei 1 Liter Brühe etwa 100-150 g
- vor dem Servieren braune Butter über die Soße geben
- Meerrettichsoße schmeckt auch gut zu Fisch oder Eiern

Auf den Spreewaldböden gedeihen neben den erwähnten Gemüsearten außerdem Kürbisse, bis 50 Kilo schwer, sowie verschiedene Kohlarten. Vorwiegend Rot- und Weißkohl fanden einstmals in der Spreewälder Küche Verwendung. Weißkohl wurde für den Eigenbedarf zerkleinert, mit Salz und Kümmel gewürzt, in einen Steinguttopf eingestampft und kühl aufbewahrt. Nach einsetzendem Gärungsprozeß stand ständig schmackhaftes Sauerkraut zur Verfügung.

„Sauerkraut vor Fäulnis bewahren.

Das in Kufen eingemachte Sauerkraut verliert zuweilen gegen den Juny seine Säure und Farbe, wird käseartig, welk und geht dann bald in Fäulnis über. All dies wird dadurch vermieden, daß man einen birkenen Pfahl in das Kraut steckt, so daß er bis auf den Boden des Fasses hinabreicht. Das schon welk und käsig gewordene Kraut erhält durch Anwendung dieses Mittels seine vorige Säure in wenigen Tagen wieder."

(1846)

EINE KLEINE KRÄUTERFIBEL

In den hauseigenen Bauerngärten säte man die wichtigsten Heil- und Gewürzkräuter für den häuslichen Gebrauch an, um sie im Bedarfsfalle jederzeit zur Hand zu haben. Gewürzkräuter wurden zum Teil in größeren Mengen oder auch feldmäßig angebaut. Im frischen oder getrockneten Zustand boten sie die Bewohner des Spreewaldes auch auf den städtischen Märkten an. In Lübbenau lag vor 1945 während der Trockenzeit der Kräuter oftmals wochenlang über der gesamten Stadt ein würziger Duft in der Luft.

Einige der wichtigsten in der Spreewälder Küche verwendeten Gewürzkräuter:

Dill, auch Tille genannt (Anethum graveolens)
einjährig, bis 1,25m hohes Doldengewächs,
Blütezeit: Juli bis September
Herkunft: Vorderasien und Südeuropa wildwachsend, bereits
im alten Ägypten und Griechenland als Küchen- und
Arzneipflanze bekannt.
Verwendung in Küche: Soßen, Gurken, Gewürzessig, Salate

Estragon (Artemisia dracunculus)
ausdauernd, bis 1,20m hohes Korbblütengewächs,
Blütezeit: August bis Oktober
Herkunft: Innerasien, Orient, Ende des 16.Jahrhunderts
in den deutschen Gärten verbreitet
Verwendung in Küche: Salate, Gewürzessig

Gartenkerbel (Anthriscus cerefolium L.)
bis 1,50m hohes Doldengewächs
Herkunft: Mittelmeergebiet
Verwendung in der Küche: Gemüse- und Soßengewürz,
Eiergerichte, Quarkspeise

Basilikum (Ocimum basilicum L.)
einjährig, bis 45cm hohes Lippenblütengewächs
Blütezeit: Juni bis September
Herkunft: Indien, in Antike geschätzte Gewürzpflanze,
im Mittelalter nach Deutschland gelangt
Verwendung in der Küche: Würzkraut, Soßen, Gewürzessig

Borretsch (Borago officinalis L.) Volksname: Gurkenkraut
einjährig, bis 60cm hohe Pflanze
Blütezeit: Juni bis Juli
Herkunft: Mittelmeergebiet
Verwendung: beim Gurkeneinlegen, Gewürzessig, Salate

Bohnenkraut (Saturea hortensis)   Volksname: Pfefferkraut
einjährig, bis 60cm hohes Lippenblütengewächs
Blütezeit: Juli bis Oktober
Herkunft: Mittelmeergebiet
Verwendung: beim Gurkeneinlegen, Bohnensuppe
        und -gemüse

Kümmel (Carum carvi L.)
zweijährig, bis 1m hohes Doldengewächs
Blütezeit: Mai bis Juli
Herkunft: schon in frühgeschichtlichen Pfahlbauten gefunden
Verwendung: Sauerkraut, Kartoffel-und Kohlgerichte,
        Quarkspeisen, Käse

Koriander (Coriandrum sativum L.)
einjährig, bis 50cm hohes Doldengewächs
Blütezeit: Juni bis Juli
Herkunft: Vorderer Orient
Verwendung: Kuchen- und Backgewürz,
        Fleisch-, Kohl- und Kartoffelgerichte

Majoran (Origanum majorana)   Volksname: Wurstkraut
ein- oder mehrjährig, bis 50cm hohes Lippenblütengewächs
Blütezeit: Juli bis September
Herkunft: im Altertum als Gewürz- und Heilpflanze bekannt,
        seit dem 16.Jahrhundert in Gärten verbreitet, im Spree-
        wald feldmäßig angebaut
Verwendung: Wurstherstellung, Kartoffel- und
        Suppengewürz

Salbei (Salvia officinalis L.)
bis 70cm hohes Lippenblütengewächs
Blütezeit: Mai bis Juli
Herkunft: im Altertum als Heilpflanze verwendet
Verwendung: Soßen, Gewürzessig

Beifuß (Artemisia vulgaris)
ausdauernd, bis 1,50m hohes Korbblütengewächs
Blütezeit: Juli bis August
Herkunft: Europa, Amerika, Vorderafrika, Asien
Verwendung: zu Gänsebraten

Liebstöckel - Maggikraut (Levisticum officinale)
ausdauernd, bis 2m hohes Doldengewächs
Blütezeit: Juli bis August
Herkunft: Westasien, Orient, Südeuropa
Verwendung: Suppen, Soßen, Braten

Thymian (Thymus vulgaris L.)
immergrün, bis 40cm hohes Lippenblütlergewächs
Blüte: Mai bis Oktober
Herkunft: Mittel- und Südeuropa
Verwendung: Küchen- und Wurstgewürz

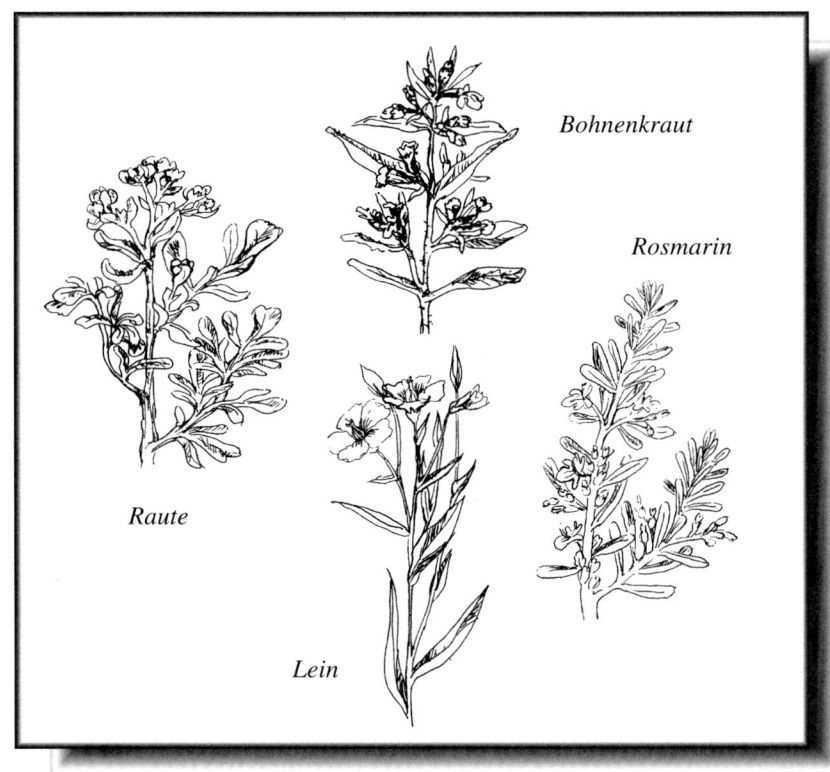

Bohnenkraut

Rosmarin

Raute

Lein

„DER HUNGRIGE SPRICHT GERN VOM ESSEN, DER ARME VOM GELD" (sorb. Sprichwort)

„WER die markigen Gestalten der Männer, wer die kräftigen Frauen und blühenden Mädchen unter den Wenden erblickt, der könnte wohl zu der Annahme hinneigen, daß dieselben ihr gesundheitsstrotzendes Aussehen und ihre Körperkraft einer besonders guten Kost verdanken. Das trifft nur in vereinzelten Fällen zu. Denn die alltägliche Kost des wendischen Landbewohners ist äußerst einfach, ja oftmals recht karg und gleichmäßig." (E. Müller, 1921)

Die einfache Ernährungsweise traf jedoch nicht nur auf die wendische Bevölkerung zu, sondern auf die Landbewohner des Spreewaldes insgesamt. Sicherlich waren der jeweilige Besitzstand bzw. die sozialen Voraussetzungen der bäuerlichen Schichten für die mehr oder weniger vorhandenen Nahrungsmittel entscheidend.

Die Gerichte, die täglich auf den Tisch kamen, unterschieden sich deshalb nur in der jeweiligen Menge und den Zutaten. Die ländliche Bevölkerung verfügte, wenn auch manchmal nur fürs Überleben, durch eigenen Viehbestand, Garten, Wiesen und Acker über nachwachsende Nahrungsprodukte. In den kleinen Städten mit einem hohen Anteil an Acker-Bürgern produzierten die Einwohner einen Teil der benötigten Nahrungsmittel nebenbei, weil eine Lebensexistenz vom Handwerk allein nicht möglich war.

Durch Ackerbau und Viehzucht waren Mehl, Eier, Fleisch, Milch, Käse, Butter, Sahne, Brot, etc. meistens in der eigenen Hauswirtschaft vorrätig. Trotzdem prägte ein überaus sparsamer Umgang mit diesen Lebensmitteln das tägliche Dasein der Erzeuger.

In Zeiten der Abhängigkeit der Untertanen von den jeweiligen Standes- oder Gutsherrschaften gehörten Naturalien, wie Eier, Gänse, Hühner, Brot, Fische, Krebse u.ä. zu den ständigen Abgaben an die Dienstherrschaften. Außerdem hatten die Bauern zu Ostern, Johannis und Michaeli auch dem Dorfpfarrer und dem Lehrer das ihnen jährlich zustehende Deputat zu entrichten.

Eier, Butter und Käse wurden vorwiegend auf den städtischen Märkten von den Spreewäldern angeboten.

E. Müller schreibt 1921: „ ... mit Butter und Käse wird ein bedeutender Handel getrieben. Die geklatschten Käse werden entweder in Käsebauern, welche aus Holzstäben hergestellt und dessen Wände aus einem feinen Drahtgeflecht sind, an der Luft oder auf Brettern meist über dem Ofen getrocknet und durch hölzerne Pressen oder Steine geformt. An Stelle des Butterfasses bediente man sich ehemals großer Flaschen, in denen die Sahne so lange geschüttelt wurde, bis sich Kügelchen gebildet hatten. Die Butter wird in eine besondere Holzform mit eingeschnittenen Verzierungen gedrückt; diese zeichnen sich sodann als erhabener Stern, als Blume usw. auf dem Butterstück ab."

Buttermodeln

Gebuttert wurde außer in den oben genannten Flaschen vor allem in hölzernen Butterfässern. Der von der Milch abgeschöpfte Rahm wurde in ein Butterfaß geschüttet, das sich nach oben hin verengte. Mit einem Holzstock, dessen unteres Ende mit einer hölzernen und durchlöcherten Scheibe versehen war, wurde nun so lange der Rahm gestoßen, bis sich Butterklümpchen absetzten. Diese nahm man mit einem Holzlöffel heraus und drückte sie in eine längliche Holzmulde. Wiederum mit dem Holzlöffel preßte man eventuell noch anhaftende Buttermilch heraus, wusch und knetete die Butter gut durch. Zuletzt kam etwas Salz hinzu, um die Butter haltbarer zu machen.

Das Buttern im Butterfaß kostete die Frauen oftmals schwere körperliche Anstrengungen. Daraus entstand die Redewendung, die noch in den 30er Jahren im Spreewald verbreitet war: „Butter, Butter, bum, bum, bum, macht die alten Weiber krumm."

Die Aufrahmung und Gewinnung von Butter mit Hilfe von Zentrifugen, 1874 wurde die erste in Bremen ausgestellt, verdrängte immer mehr die herkömmlichen Buttergefäße. Zunächst konnten sich nur reichere Bauern ein solches Gerät anschaffen. Durch die Zentrifugalkraft erfolgte das Buttern schneller und war vom Arbeitsaufwand her leichter als vorher.

Im bäuerlichen Haushalt verwendete man die Butter sehr sparsam und aß selbst wenig davon. Vielmehr war man darauf bedacht, möglichst größere Mengen zum Verkauf in die Stadt zu bringen. Die Bauernfamilie behalf sich statt dessen mit Speck und Schmalz oder mit Sirup als Brotaufstrich.

Noch bis Mitte des 20. Jh. beherrschten Frauen in ihren wendischen Trachten das Marktbild von Cottbus, wo sie an den Markttagen am Dienstag, Donnerstag und Sonnabend vor allem auch Butter verkauften, die Tags zuvor hergestellt wurde.

Daß die Spreewälder Butter eine gute Qualität besaß, geht aus diesem Brief um 1900 an eine Lübbenauerin hervor, in dem es heißt:

"Liebe Frau Wolff,

auch bei Ihnen sage ich meinen herzlichen Dank für die schöne Butter..., solche schöne Butter habe ich lange nicht gegessen..."

Aus der beim Buttern zurückgebliebenen Buttermilch bereiteten die Hausfrauen im Spreewald häufig folgendes Gericht zu:

Buttermilch mit Bratkartoffeln

Die Buttermilch wird aufgekocht und mit Mehl angedickt. Hinzu kommen noch ein Ei, wenig Butter, Zucker nach Bedarf, etwas Zimt und 1 Prise Salz.

Löffelnderweise aßen die Speisenden im Wechsel von der warmen Buttermilchsuppe und den Bratkartoffeln.

Eine weitere Verwendung fand die abgerahmte Milch bei der Zubereitung von „Schlippermilch". Die Hausfrau schüttete die Milch in Steinguttöpfe und ließ sie bis zum Sauerwerden stehen. Durch Verfeinerung mit wenig Sahne, etwas Salz und Leinöl oder auch Hering, war das Gericht fertig. Die Schlippermilch wurde in eine große Schüssel geschüttet, auf den Tisch gestellt und gemeinsam von den Tischgenossen ausgelöffelt. Pellkartoffeln bildeten die Zuspeise.

Im Volksglauben heißt es, daß man Sterbenden unbedingt den letzten Wunsch erfüllen sollte, weil er sonst im Tode keine Ruhe findet und als Geist wiederkehrt. Von einem solchen Fall berichtet auch W.v. Schulenburg: „Als der Sohn des Viehduchtař Schmidt, eines alten Spreewaldwenden, in schwerer Krankheit niederlag, bat er vielmals um „Schlippermilch" (samosydk). Aber der Vater gab ihm keine, denn er dachte, es würde ihm schaden. Dann starb das Kind. Vater und Mutter waren untröstlich. Dann nach seinem Tode kam der Sohn wieder..."

Die entrahmte Milch fand aber auch für die Herstellung von Quark Verwendung, in dem sie mehrere Tage stehen blieb, bis sie dick war. Danach schüttete man sie in ein Leinentuch oder -säckchen und hängte sie an die Sprossen der hölzernen Quarkpresse oder Quarkleiter, die mit einem Stein beschwert wurden. Die dabei abgetropfte Flüssigkeit, die Molke, bekamen die Schweine als Futterbeilage.

Kneedel, Leinöl und Quark   (R. Winter)

- **2 kg Magerquark, 1 Becher saure Sahne o. Schmand ca. $\frac{1}{4}$ l Milch, 1 große Zwiebel, Salz, 100 ml Leinöl, frische Petersilie, Schnittlauch oder Zwiebellauch**
- **alles kräftig verrühren, bis der Quark eine sahnige Konsistenz hat**

KAFFEE UND KUCHEN

BEREITS im Altertum war die wildwachsende Wegwarte -Zichorie - als Arzneipflanze und wenig geschätztes Nahrungsmittel bekannt. Von September bis Oktober werden ihre Wurzeln noch heute für die volksmedizinische Anwendung ausgegraben, gewaschen, geschnitten und getrocknet. Ihre Inhaltstoffe Inulin, Gerb- und Bitterstoffe sowie Zucker wirken anregend auf Magen und Galle.

Im 16. Jahrhundert zog man sie als weniger bitterschmekkende Kulturform mit fleischiger Wurzel in vielen Gärten. Zwei Jahrhunderte später fand die Zichorienwurzel als Kaffeesurrogat Verwendung. Man baute die Zichorie zum Teil sogar feldmäßig an.

Vor allem in Not- und Kriegszeiten erinnerte man sich auch an den Zichorienkaffee. Nach herkömmlicher Art wurden die Wurzeln der Wegwarte geröstet, und daraus Kaffee-Ersatz hergestellt.

Als 1670 erstmals geröstete Kaffeebohnen aus überseeischen Ländern nach Deutschland gelangten, handelte es sich überwiegend um den sogenannten Java-Kaffee. In den bäuerlichen Familien allerdings fand er kaum Resonanz. Vermutlich kochte man ihn nur in wenigen großbürgerlichen Haushalten. Zu Beginn des 18. Jahrhunderts soll es in Calau sogar vorgekommen sein: „... als einst eine Bürgersfrau beim Kindtaufen sich habe auszeichnen und Kaffee vorsetzen wollen, sie die braune Brühe als unschmackhaft weggegossen, und den Satz mit Zucker bestreut, nebst Löffeln herumgereicht habe."

Die ärmere bzw. ländliche Bevölkerung dagegen röstete sich trockene Gerstenkörner in einer Kaffeeröstevorrichtung, die über dem offenen Herdfeuer ständig hin- und herbewegt wurde. In der Handkaffeemühle zerkleinerten sie dann die dunkelbraunen Getreidekörner zu „Kaffeepulver".

1858 kam ein völlig neues Produkt auf den Markt: Feinster Holländischer Surrogat-Kaffee. Das Pfund von 32 Loth kostete 5 Silbergroschen. Sowohl in Holland, als auch in Österreich und anderen Ländern hatte das Produkt schon in die dortigen Küchen Eingang gefunden. „An Reingeschmack, Aroma und Kraft ist es dem besten Javakaffee gleich, aber nur halb so theuer. Auch wirkt es nicht aufregend und ist daher auch für diejenigen Personen ein zweckmäßiges Getränk, welchen der erhitzende Kaffee nicht zusagt."

Zu den ersten Anbietern des Holländischen Surrogat-Kaffees gehörten damals die Niederlassungen C.W.A. Lemme und Ed. Tannert in Lübbenau sowie Philipp Rabenau in Vetschau.

Kuchen gab es bei den Landbewohnern nur zu bestimmten Feiertagen, festlichen Anlässen, zur Kirmes oder zu Erntezeiten. Beliebt waren der tykańc oder mazańc. Der tykańc (sprich: Tykeinz) bestand aus einem meist trockenen Blechkuchen, während der mazańc (sprich: Maseinz) einen Schmierkuchen, einen Blechkuchen mit Quark- oder Mohnbelag u.ä., darstellte. Oftmals unterschieden die Bewohner in den Spreewalddörfern weniger zwischen tykańc und mazańc und gebrauchten beide Bezeichnungen für jede Art von Kuchen.

Den Streuselkuchen nannten die Bewohner von Raddusch „Kriemelkuchen", die Burger „Krymelu mazańc". Außerdem sprachen die Frauen in Burg vom Slĕwkuwy mazańc (Pflaumenkuchen) und vom Wišnuwy mazańc (Kirschkuchen).

Um 1920 nahmen die Frauen zum Kuchenbacken durchweg schon Weizenmehl, das das bisherige feinere Roggenmehl verdrängte.

Aus dem Rest des Brotteiges beim Brotbacken stellte man einen flachen, runden Kuchen, den sogenannten „Plac" (sprich: Platz) oder Fladen her. Als „Schmiere" kam geschnittener Speck und Kümmel obenauf. Anschließend übergossen die Spreewälder den fertigen „Plac" entweder mit Sirup oder mit selbstgemachtem dicken Mohrrübenbrei.

In den Dörfern Zwietow und Cabel bei Calau sowie auf den Märkten der Städte boten Bauern und Händler nach 1900 noch die beliebten „Heidekuchen" und „Bauernkuchen", auch „Runde Kuchen" (sorbisch: Bochank) genannt, an.

Heidekuchen (nach E.Müller, 1921)

Man benötigt einen Teig aus Heidekorn (Buchweizen), Hefe, Salz und Wasser. Nach einer gewissen Gärzeit des Teiges wird er in irdene glatte Näpfchen von 10 cm Durchmesser und 12 cm Höhe, die zuvor innen mit saurer Sahne bestrichen werden, gefüllt und in den Backofen geschoben. Damit die fertigen Heidekuchen auch gut aus den Näpfchen wieder

heraus geschüttet werden können, bespritzt man sie nach dem Backen mit kaltem Wasser. Sollen sie gut gelingen, dürfen sie nur eine gelblich bis leicht bräunliche Farbe annehmen.

Der Heidekuchen wird zum Verzehr in Scheiben geschnitten und mit Butter bestrichen. Die Scheiben können aber auch in Milch aufgeweicht oder in Butter gebraten und mit Zucker bestreut werden.

Bauernkuchen (nach E.Müller, 1921)

Er besteht aus feinem Weizenmehl, das mit Salz, Wasser und Hefe vermengt wurde. Den dicken Teig formt man zu Kugeln und mangelt ihn zu runden, platten Kuchen von etwa 20 cm Durchmesser, deren Rand nach oben umgebogen wird. Auf einem Brette läßt man sie gären und versieht sie mit einer Schmiere aus Milch, Safran und Weizenmehl oder aus Mohn, Zucker und Zimt. Auf dem Herde des Backofens werden sie schließlich gebacken.

Den sonntäglichen Kaffeetisch der Spreewälder aber bereicherten vorwiegend Plinze. Sie erforderten weit weniger Mehlmengen als ein Kuchen. Die Hausfrau vermengte Mehl, Milch, Eier und eine Messerspitze Natron zu einer Masse, die portionsweise in Leinöl zu Plinze gebacken wurden. Nach dem man die Plinze mit selbstgemachter Marmelade bestrichen hatte, wurden sie zusammengerollt. Malzkaffee, auch Muckefuck genannt, mit Milch und Zucker rundete die sonntägliche Kaffeespeise ab.

Plinze (R.Winter)

- 1 Liter Milch, 5 Eier, 1 Prise Salz,
  ½ Päckchen Backpulver, ca. 250 g Mehl
- alle Zutaten kräftig verrühren, Leinöl in einem Tiegel heiß machen, etwa eine Suppenkelle voll von der Teigmasse im Tiegel verteilen, nicht zu viel, damit die Plinze schön dünn werden!!!
- von jeder Seite goldgelb braten und vor dem Einrollen mit Zucker, Apfelmus oder Konfitüre bestreichen

„*EIN GARSTIG WEIB ZUM TROCKNEN BROT -
NEUER ÄRGER ZUR ALTEN NOT*" (Sorb. Sprichwort)

WIE bereits im ersten Abschnitt des Buches erwähnt, bauten die slawischen Siedler des hiesigen Landstriches schon Brotgetreide an. Brot gehörte zu den wichtigsten Nahrungsmitteln und es ist deshalb nicht verwunderlich, daß es eine ganze Reihe von Bäckereien in den Städten gab, die sich von ihrem Berufsstand ernähren konnten.

Allein in Lübbenau gab es Mitte des vorigen Jahrhunderts bei cirka 4.500 Einwohnern 12 Bäckermeister, die vor allem Semmeln, Weiß- und Mittelbrot verkauften. Das Gewicht einer Semmel lag bei 6 - 7 Loth (1 Loth - ehemals 1/32 Pfd). Dafür mußten durchweg 6 Pfennige bezahlt werden. Ein Weißbrot brachte das Gewicht von 12 bis 24 Loth auf die Waage und kostete zwischen 6 Pfennige und 1 Silbergroschen. Dagegen wog das Mittelbrot zwischen 4 und 20 Loth. Der Preis lag bei 1 bis 5 Silbergroschen.

Auf dem Lande buken sich die Bauern ihr Brot selbst in größeren Mengen und auf Vorrat. Deshalb besaß auch fast jeder Hof sein eigenes Backhaus, oder ein Gemeindebackhaus stand den Einwohnern zur Benutzung frei.

Brot
Sauerteig
1. Tag:
100 g Roggenmehl u. 100 g warmes Wasser vermengen
24 - 48 Stunden zugedeckt stehen lassen
2. Tag:
100 g Roggenmehl u. 100 g warmes Nasser w. o. dazu
3. Tag:
200 g Roggenmehl u. 200 g warmes Wasser w. o. dazu
(Bei Vorratswirtschaft 50 g Sauerteig abnehmen, er hält sich bis 7 Tage im Kühlschrank)
4. Tag:
Zum Sauerteig dazugeben: 375 g Roggenmehl und 375 g 40° warmes Wasser
zugedeckt 24 Stunden stehen lassen

Grundteig
- 700 g Sauerteig, 350 g Roggenmehl,

300 g Weizenmehl, 20 g Salz, 20 - 25 g Hefe,
300 g 40° warmes Wasser
- Brotteig mit Hefe ansetzen und gehenlassen,
  durchkneten und Brot formen, nochmal 1 Stunde
  gehen lassen, dann im vorgeheizten Ofen
  3 Pfd. Brot bei 225° 70-80 min. backen.
- während des Backens einen Topf mit heißem
  Wasser in den Herd stellen!!!

<u>Leinsamenbrot</u>
- zu dem Grundteig werden 150 g Leinsamen
  eingemischt, die vorher mit kochendem Wasser
  überbrüht wurden und 15 min. stehengelassen
  werden, überflüssiges Wasser abgießen und
  gequollenen Leinsamen einkneten.

Brot bildete früher bei der Beköstigung der Untertanen
während der Erntearbeiten eine ganz wesentliche Rolle, wie
wir aus Rezeßakten über die Untertanendienste in Straupitz
1677 ersehen können. Den Untertanen bewilligte die Dienstherrschaft demzufolge:

„...daß den Straupitzschen Cossäten, Meyhern (Mähern,
Anm. d. Verf.) und Harkern in den zwey ersten Tagen der
Kornernte diese gewisse Speisung verrichtet wirdt,
nehmlichen: es wirdt ein Rindt oder anstatt dessen soviel an
Schafviehe, als hirzu vonnöthen, geschlachtet, solches Fleich
sambt den Kaldaunen nebst ein Scheffel Erbsen in den ersten
zwey Tagen gekochet und jeden Tag zu Mittage nebst dem
behörigen Brodte für den Meyher und seine Harkerin aufs
Feldt gebracht und jedem Paar Volke gleich zugetheilet,
gestaldt dann dem Meyher ein größer, der Harkerin aber ein
kleiner Brodt, so man zu Wendisch Bochanitz nennet,
zugestellet, worzu alle Erndten 12 bis 18 Scheffel Korn
gemahlen werden.
Bey solcher Speisung in den 2 ersten Tagen bekommen
sie 2 Virtel, nemlich jeden Tag ein Virtel Kofent (Dünnbier,
Anm. d.Verf.) und Wasser zugeführet. Auch in solchen 2
Tagen werden den Garbenträgern, so von Straupitz, Bozen,
Byhlen und Byhleguer beschieden werden, einem jeden

insbesonderheit ein Bachanitz-Brodt, so kleiner als diejenigen, welche denen Harkerinnen gegeben werden, sambt einem Töpflein gekochter Erbsen zugetheilet. Und so bei der Haushaltung in Vorrath vorhanden seyn solten, wird dem gesambten Erndtvolke ein Vaß oder Butten, so von der Straupitzschen Käsemutter genommen wird, mit Biermerthen gefüllet, anstatt der Erbsen ausgetheilet.

Nach solchen 2 Tagen bekommen die Garbenträger nichts mehr.

Solange aber die Straupitzsche Einwohner zur Korn- oder Roggenerndte nach solchen 2 Tagen zu Straupitz und Byhlen mit Meyhen und Harken gebraucht werden, bekommen sie dieselbe täglich ein Virtel Bier Lübbenisch Maßes, welches sie sich alle Morgen, ehe sie denn aufs Feld gehen, auf den Schlosse zu Straupitz von einander theilen. Dabey bekommen die Meyher und Harkerinnen ebensoviel Brodt als in denen 2 ersten Tagen, nemlich jedwede Persohn einen Bachanitz-Brodt nebst einem Käse. Es wird ihnen aber kein Kofent mehr, sondern Wasser zugeführet." (R. Lehmann)

Selbst der Krüger (Gastwirt) Boglan mußte 2 Tage bei der Roggenernte helfen, wofür er die „gleiche Portion der Speisung" erhielt, wie die anderen Erntearbeiter.

Brot mit Butter oder Quark bestrichen, eventuell noch ein gekochtes Ei, manchmal auch Kuh- oder Ziegenkäse, reichte die Bäuerin um die Jahrhundertwende ihrem Gesinde zum 2. Frühstück. Auch zur Vesperzeit hielt man es mit einem Stück Brot und Schnaps dazu. Ein Kanten Brot lag früher auf jedem Bauerntisch griffbereit, daneben eine Schrote Speck und Zwiebeln. Der zufällig heimgekehrte Hungrige konnte sich ohne viel Fragen bedienen. Die Männer hatten, um Brot und Speck abzuschneiden, meist ein eigenes Messer für alle Fälle in der Hosentasche. Andererseits benutzte man das „hapa", das Familienmesser, das in einem Deckenbalken der Stube steckte.

„EIN KANTEN BROT DAHEIM IST BESSER ALS EINE KUH IN DER FREMDE." (Sorb. Sprichwort)

Daß dem Brot als tägliches Nahrungsmittel auch eine wichtige Rolle für die Erhaltung der Gesundheit von Mensch und

Tier zukam, wußten die Spreewälder schon im vorigen Jahrhundert gut zu schätzen. Brot hatte seinen Wert „nicht bloß weil es nährt, sondern weil es die üppigen Speisen, welche Kultur und Feinschmeckerei auf unsere Tafeln brachte, weniger schädlich macht. So werden scharfe Gewürze davon eingehüllt und können nicht so auf die Magenwände brennend wirken; so wird das schwimmende Fett vieler Gerichte von dem Brot eingesogen und ein seifiger Teig im Magen gebildet, welcher leichter zu verdauen ist und nicht so erschlafft; ebenso stumpft das Brot den Reiz der geistigen Getränke ab. Daher kommt es, daß Menschen, welche viel Brot essen, auch immer einen guten Magen haben, der alles verträgt." (1858)

Besonders den Frauenzimmern wurde empfohlen, viel Brot zu essen, weil sie somit die reizenden Speisen besser verdauten. Auch schwache Kinder und Personen, die sehr viel sitzen, sollten weniger frisches oder schwarzes Brot verzehren, sondern vielmehr auf altbackenes oder Weißbrot zurückgreifen. „Altes Brot sättigt mehr wie frisches, und letzteres ist überhaupt auch minderzuträglich wie jenes, warmes Brot sogar wirklich schädlich. Weizenbrot ist im Ganzen genommen wegen des großen Klebergehaltes im Weizen, der das Aufgehen begünstigt, leichter von guter Beschaffenheit darzustellen, als jedes andere, und überhaupt die am leichtesten verdauliche und nährendste Brotgattung. Roggenbrot ist nicht so nahrhaft ..." und für den schwachen Magen ungeeignet.

Das hausbackene Brot des Landvolkes war entschieden kräftiger als das der städtischen Bäckereien. Die Bauern vermischten für das Bauernbrot „das Mehl der ersten und letzten Gänge, oder das feinere und gröbere zum Brotbacken". Kräftiger Sauerteig und gute Ofenhitze von mindestens 130-140 Grad ließen das Landbrot schmackhafter als das städtische werden. Die Stadtbäcker dagegen trennten den ersten Gang des Mehls ab für die Herstellung von Weißbrot und buken mit dem letzten Gang, dem sogenannten schwarzen Mehl des Weizens, das Mittelbrot. Außerdem sparten sie gehörig an Holz, so daß erst dann das Brot in den Backofen geschoben wurde, wenn darin bereits die Semmeln gebacken waren.

Den Brotteig bereitete man in verschieden großen hölzernen Backmulden zu. Auf einem Brotschieber aus Holz schob man dann mehrere Brote in den zuvor angeheizten Backofen.

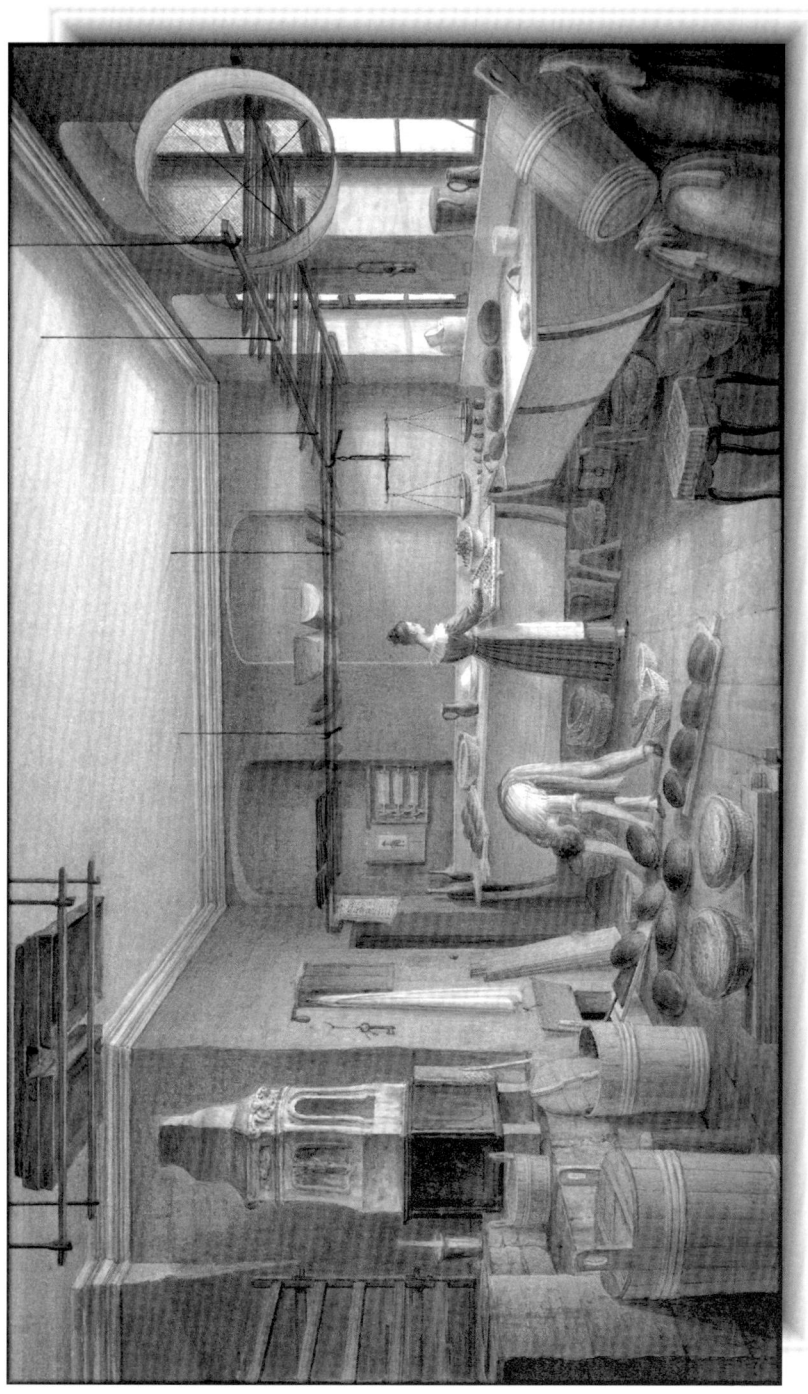

Waren die Brote gebacken, holte man sie mit dem Brotschieber heraus und legte diese zum Auskühlen auf ausgebreitetes Stroh auf dem Erdboden in unmittelbarer Nähe des Backofens.

Um Brot backen zu können, bedurfte es eines langen Produktionsweges; angefangen von der Bearbeitung des Ackers, der Aussaat des Getreides, der Ernte und dem Einbringen des Korns, das Ausdreschen mit dem Dreschflegel, das anschließende Ausmahlen der Körner in der Mühle, die Zubereitung des Teiges und letztendlich das Backen selbst. Besondere Merkmale kennzeichneten einstmals sehr augenscheinlich die guten oder schlechten Eigenschaften des Brotes: Haferbrot war trocken und schwer, Gerstenbrot trocken, von mäßigen Geschmack und weniger verdaulich. Gutes Brot dagegen zeichnete sich dadurch aus, daß es „gut aufgegangen, auf seiner Oberfläche gewölbt, ... eine braune, weder aufgesprungene noch verbrannte Rinde" hatte. Sein Geruch mußte angenehm und kräftig sein; es durfte keine bröcklige und klebrige Krume besitzen und weder einen herben und sauren noch faden Geschmack haben.

Schlechtes und ungesundes Brot erkannte man an seinem nicht gut gegorenen und unausgebackenen Zustand. Ein solches Backwerk war schwer, fest, feucht, klebrig, zäh, teigartig und bröcklich. Rohe Mehlklümpchen, schimmelnde Stellen, sowie ein „süßlich oder widrig sauer, scharf oder bitterer" Geschmack kennzeichneten dieses Brot, das außerdem meist noch eine verbrannte Rinde aufwies. Noch unangenehmer für den Verbraucher waren Brote, die aus Mehl mit darin vermengten Unkräutern bestanden. Sie konnten zum Beispiel Brandkorn, Klaffer, Kornrade, Wachtelweizen, Trespe, Mutterkorn und Sommerlolch enthalten. Dementsprechend nahm der Brotteig eine Verfärbung an, die zwischen bläulich, schwarz, rötlichschwarz, rosenrot und violett variierte.

So war Brot mit Beimengungen von Wachtelweizen (Melampyrum) rötlichschwarz oder bläulich, besaß einen faden Geschmack und belastete schwer den Magen. Ein solches Brot „mit Essig, der mit zwei Teilen Wasser verdünnt ist, gekocht, wird sogleich rosenroth oder rötlich violett, durch Schwefelsäure oder Salzsäure wird es dunkler, durch Salpetersäure gelb."

Reproduktion der Pastellzeichnung einer historischen Bäckerei

Enthielt ein Brot Sommerlolch färbte es sich schwarzblau. Wurde es dann auch noch warm genossen, wirkte es sogar giftig. Brot, mit Mutterkorn vermengt, nahm eine violettfleckige Farbe an. Es schmeckte beißend, roch ekelhaft und wirkte ebenfalls giftig. Nicht selten kam es vor, daß das Brotmehl mit Sand vermischt war. Zum Teil geschah dies sogar absichtlich, um das Gewicht des Brotes zu erhöhen. Andererseits rührte die sandige Beimengung vom Mahlen des Getreides in der Mühle her, das mit zu weichen Mahlsteinen erfolgte. Zur schnellen Ermittlung des Sandgehaltes im Brot wandte man die folgende Methode an:

„Man reibt 1 Theil Brod mit 20 Teilen weichem Waſſer ſorgfältig zuſammen, läßt dies bis zur Auflöſung des Brodes ſieden, dann erkalten und ruhig ſtehen. Nach einiger Zeit findet man auf dem Boden des Gefäßes einen ſandigen Satz, welcher durch Abwaſchen ganz rein dargeſtellt werden kann."

Andere Beimengungen im Brotteig konnten Kartoffeln sein, die das Brot sehr bald mit einem grünen Schimmel überzogen. In Zeiten, wo das tägliche Brot teuer wurde, stellte man sich ein billigeres Brot durch einen Zusatz von Mohrrüben her:

Rezept auf dem Calauer Kreisblatt 1855:
„Die Möhren ſind als häufig wiederkehrendes Gemüſe in der ſchlichten Haushaltung nicht beliebt; werden ſie dagegen dem Brodteig zugeſetzt, ſo erhalten ſie einen höheren Werth aus folgenden Gründen:

Die Möhren vermehren die Maſſe des Brodes, denn kann man aus dem Teig von 1 Zentner Hausbacken-Mehl 32 Leib Brod, jedes , wirken, ſo giebt dieſelbe Menge Mehl, wenn mit ihr 77 Pfund oder knapp 3 Sack Möhren eingeteigt werden, 41 Leib, auch jedes 5 Pfund ſchwer;...

Dabei iſt nun das Möhrenbrod ſo ſchmackhaft und nahrhaft, daß es auch in billigen Zeiten von Jedermann gern wird genoſſen werden.

Es hält ſich lange friſch;...

Wie aber macht man gutes Möhrenbrod? Die Sache iſt wahrlich nicht ſchwierig. Am Abend vor dem Backtage ſtelle man den Sauerteig an, doch reichlich und kräftig, denn der Teig mit Möhren geht schwerer, als reiner Mehlteig. Man wiege Mehl und gut gewaschene Möhren ab und zwar für jeden Laib Brod zu 5 Pfund 2 1/3 bis 2 2/3 Pfd. Mehl und 2 3/4, resp. 2 Pfund Möhren...,,

(Dr. E. John, Lehrer der Landwirtschaft)

Zur längeren Aufbewahrung von Brot sollen an dieser Stelle zwei alte Rezepte aus der Mitte des vorigen Jahrhunderts dem Leser nicht vorenthalten werden:

„Das frisch gebackne Brod bringt man am besten, sowie es auf dem Ofen kommt, in einen Mehlsack, an dem noch Mehl hängt, mit der obern Rinde aufeinander, bindet den Sack zu und hängt ihn an einem luftigen Ort auf.

Beim Gebrauch nehme man das Brod einen Tag früher heraus, bestreiche es mit einer in Wasser getauchten Bürste und lege es in den Keller, damit die Rinde wieder weich wird. So kann man das Brod 6 Wochen lang aufbewahren, ohne daß es eine Spur von Schimmel zeigt."

„Um das Brod lange aufzubewahren, hat man das ‚Pressen' desselben empfohlen. Gepreßtes Brod widersteht der Feuchtigkeit, der Gährung, dem Schimmel und hält sich über 1 Jahr lang vollkommen gut.

Zum Gebrauch zerschlägt man es und legt es in warmes Wasser, worauf es seinen früheren Umfang, seine frühere Farbe und den ursprünglichen Geschmack und Geruch wieder erhält."

Wenn zum Ende des Jahres allerorts die Spinnten in einem Bauernhaus eingerichtet wurden, beköstigte die Bäuerin die Spinntemädchen meist am ersten Abend mit einem Gänsebraten. Tat sie dies nicht, war sie vier Wochen verpflichtet, Abend für Abend den Mädchen Butterbrote zu reichen. Danach brachten sie sich „selbst ein tüchtiges Stück Brot, das in der weiten Rocktasche geborgen wird, zur Stillung des Hungers mit."

(E. Müller, 1921)

Wurde der Brotvorrat weniger, was vor allem vor der Ernte der Fall war, schaffte man sich Ersatz durch „Woßuschk", ein Backwerk aus Roggenmehl, Wasser und Salz, das auf einem mit Leinöl bestrichenen Plinzeisen im Kamin gebacken wurde. Anschließend beschmierte man es mit Sahne und aß es genüßlich.

Da der Bauer größtes Augenmerk auf die Gesundheit seines Viehbestandes als Existenzgrundlage der bäuerlichen Wirtschaft legte, bekam das Vieh am Heiligabend ein Brot gebacken, das mit verschiedenen „Johanniskräutern" vermengt war. Die am 24. Juni gepflückten Wiesen- und Feldkräuter schützten nach dem Glauben der Spreewälder das Vieh vor bösen Krankheiten und Behexungen beziehungsweise dem „bösen Anblick".

In Burg war es im vorigen Jahrhundert sogar üblich, wenn man ein Brot verborgte, daß man zuvor ein kleines Stückchen davon für sich abbrach, „damit man sein Vermögen behielt".

Im Dorfe Burg sagten die Leute früher auch:

„Wenn zwei sich lieben und wollen sich heiraten und man will es verhindern, so soll man, wo zwei Backöfen mit den Ärschen (Hinterseiten) zusammenstehen, etwas von den beiden Backöfen abkratzen, und zwar von jedem neunmal und das Abgekratzte zwischen die beiden Liebenden werfen. Dann können sie sich nicht mehr sehen (leiden) und ihre Liebe geht fort." (W.v. Schulenburg)

Brotsuppe (R. Winter)

- Salzwasser zum Kochen bringen
- Altbackenes dunkles oder helles Brot würfeln
  und in das Wasser geben
- Topf von der Feuerstelle nehmen und die Suppe
  mit Salz und Pfeffer abschmecken
- Suppe ziehen lassen, Speck klein würfeln, auslassen
  und in die Brühe geben
- eventuell zerdrückten Knoblauch oder geschnittene
  Zwiebeln hinzufügen

Heute wird die Brotsuppe nicht mehr in so karger Zusammensetzung gegessen. Man fügt, nachdem das Brot durchgezogen ist, noch saure Sahne und Leinöl hinzu und zieht ein Ei unter.

„BROT IST AUCH IN BILLIGEN ZEITEN TEUER, WENN DIR DIE GROSCHEN FEHLEN." (sorb. Sprichwort)

FLEISCH UND FISCH ALS NAHRUNGSMITTEL

NEBEN dem Getreideanbau bildete die Viehzucht schon in alt-slawischer Zeit den zweitwichtigsten Ernährungszweig. Knochenfunde belegen, daß die Haustierhaltung verbreitet war und Rinder, Schafe, Ziegen und Pferde als Fleischlieferanten gehalten wurden. Ochsen und Pferde dienten vor allem aber als Zug- und Reittiere. Daneben zog man Hühner, Gänse und Enten auf. Obwohl auch Wildtiere, wie Hirsch, Wildschwein, Reh, Ur, Bär, Wisent und Hase zur damaligen Fleischnahrung zählten, lag der Anteil an Wildbret gegenüber der Haustierfleischnahrung jedoch entschieden niedriger.

Der Rinderzucht schenkten die Spreewälder immer schon große Beachtung, was sich in der Qualität des Fleisches niederschlug. 1855 heißt es in einem Landbuch der Mark Brandenburg: „Die Spreewälder Ochsen sind von großer Race, ihr Fleisch ist wohlschmeckend ... " (Berghaus). Allgemein war die Stallhaltung der Rinder üblich.

Fleischgerichte kamen früher bei der ländlichen Bevölkerung nur sonntags oder zu besonderen Feiertagen und Festlichkeiten auf den Tisch. Verbreitet war besonders Rindfleisch mit Meerrettichsoße als Festgericht, zu dem man entweder Kartoffeln oder Brot aß.

Hausschlachtung von Schweinen ist auch heute noch im Spreewald weit verbreitet. Wurst und Speck hängten die Familien in den vergangenen Zeiten in Häusern mit einer schwarzen Küche und offener Feuerstelle im unteren Teil des Schornsteins, der zum First hin offen war, zum Räuchern auf. Davon ableitend finden sich gegenwärtig in den Zampersprüchen der Kinder während der Fastnacht noch einige Varianten, die auf die Art der Fleisch- und Wursträucherungen hinweisen:

> „Zamper, Zamper Donnerstag, morgen ist der Freitag.
> Oben in der Firschte, häng'n die langen Würschte."

In den anderen Haustypen bauten die Bewohner ihre aus Ziegelstein bestehenden Räucherkammern auf dem Hausboden direkt neben dem Schornstein. Durch ein Rauchrohr sind Rauchkammer und Esse miteinander verbunden, so daß der Schmoch in den Schornstein abziehen kann. Diese Verwahrensweise wird auch gegenwärtig noch im Spreewald praktiziert.

Wie es einstmals bei einem Schlachtfest zuging, beschreibt eine Schülerin der unteren Klasse in Suschow 1925.

Schulaufsatz Nr. 13   Suschow, 18.2.25

Ein Schlachtefest

Das Schwein ist zum Weihnachtsfest fett geworden, und es wird geschlachtet. Dann bestellt der Vater den Dorffleischer. Dann kommen Freunde und Bekannten. Jetzt setzen sie sich am Tisch und essen sich (an) Wellfleisch satt, und erzählen Märchen und Geschichten, und sie sitzen oft bis zur Mitternacht zusammen. Nun gehen sie alle müde nachhause. So ist das Schlachtefest ein Freudenfest für jung und alt.

Die von den Spreewäldern sprichwörtlich gerühmten Grützwürste kannten die hiesigen Fleischer bereits vor 1850. Sie wurden damals mit einem großen Anteil an Buchweizengrütze hergestellt. In seiner Spreewälder Mundart schwärmt der Einheimische stolz von dieser Wurst: „ ... was werd er immer lieben? Grützwurscht mit großen Grieben."

Aufzüglers Klage

(Robert Behla, 1895, gekürzt)

O wie traurig ist mein Leben
Aufzügler schon manches Jahr,
Mußt ich dieses Leid erleben,
Der ich einst Besitzer war.

Jetzt bin ich hier nur geduldet
Von den jungen Eheleut;
Die so vielen Dank mir schuldet,
Macht mir so viel Herzeleid.

Wie so kärglich ist das Essen,
Ach, ich gar nicht sagen mag,
Trocken Brod, oft nichts zu essen,
Schlippermilch fast jeden Tag.

Wenn erscheinen die Fastnachten,
Plinze nicht, Pfannkuchen nicht,
Ich bekomm beim Schweineschlachten
Keine Grützwurst zu Gesicht.

Aber auch für die Grützwurst hatte jeder Fleischer seine eigene Rezeptur, die als Familiengeheimnis gehütet wurde.

Pellkartoffeln mit Fülling (Grützwurst)   (R. Winter)

(auch Stampfkartoffeln, Sauerkraut und Grützwurst)
- **Speck und Zwiebeln in einer Pfanne anbräunen**
- **Grützwurst ohne Darm dazugeben**
- **kräftig durchbraten, je nach Geschmack kann noch eine Prise Majoran hinzugefügt werden.**

„WENN DIE WURST GUT SCHMECKT, VERGISST MAN GERN, WAS VORHER IM DARM WAR." (sorb. Sprichwort)

Wurden früher Fleisch und Wurst nach dem Schlachten nur ungenügend abgekocht, getrocknet, gesalzen oder geräuchert, kam es nicht selten vor, daß der Schlachtevorrat nicht bis zum nächsten Sommer ausreichte. Besonders bei großen und dikken Schwarten- und Blutwürsten bestand die Gefahr, daß sie nicht genügend durchgeräuchert waren.

Im allgemeinen legte man nach dem Hausschlachten das nicht zu Wurst verarbeitete Schweinefleisch schichtweise in Fässer ein und salzte es sehr kräftig. Nach und nach verspeiste die Familie das Fleisch entweder zu festlichen Höhepunkten oder es fand Verwendung bei Gerichten in der Erntezeit, z.B. mit Hirse, Graupen, Kartoffeln, Bohnen, Linsen, Erbsen oder Sauerkraut. Wurde in der warmen Jahreszeit geschlachtet, galt es, das Fleisch sofort vor dem Verderb zu schützen. Dies tat man 1841 auf ganz einfache Weise:

„Sobald das Fleisch vom Fleischer kommt, schneidet man es in so viele Koch- und Bratstücke, als man daraus machen will, legt jedes solches Stück in einem mehr hohen als weiten Topf, und gießt so viel Milch darüber, daß dieselbe ein Paar Zoll hoch darüber zu stehen kommt. Wenn man nun des Fleisches sich bedienen will, nimmt man ein Stück aus der Milch und wirft es in einen Eimer frisches Wasser, um es von allen anhängenden Theilen zu reinigen.

Durch dieses einfache Mittel kann man das Fleisch selbst im heißesten Sommer nicht nur 8 Tage und länger frisch halten, sondern selbiges erhält auch einen ganz vortrefflichen Geschmack."

Eine weitere Methode zur Haltbarmachung des Fleisches war zwar weniger appetitlich, aber dürfte ihren Erfolg nicht verfehlt haben.

Hausfrauen-Tip von 1859

„Mittel, um geräuchertes Fleisch vor Schmeißfliegen zu bewahren.

Alles geräucherte Fleisch, Speck, Schinken, Würste und dergleichen, wird am vollständigsten gegen Schmeißfliegen gesichert, wenn man dasselbe in trockene, durchgesiebte Birkenasche legt. Man streut nämlich in einen Kasten, der an einem trockenen und luftigen Orte stehen muß, etwas Asche auf den Boden, legt sodann das geräucherte Fleisch hinein, streut Asche darauf und fährt so fort, bis der Kasten voll ist. Nun muß man Alles mit Asche bedecken, damit kein Insekt seine Eier in das Fleisch legen kann.

Vor dem Gebrauche läßt man das auf diese Art einge-packte Fleisch mit einer trockenen oder nassen Bürste von dem Schimmel, der sich daran gesetzt hat, der aber dem Wohlgeschmacke nichtf schadet, reinigen. Bei dieser Aufbe-wahrung trieft kein Fett aus dem geräucherten Fleisch und es bleibt ein ganzes Jahr hindurch und länger saftig und gegen alle Würmer gesichert. Der Reinlichkeit wegen kann man es vor dem Einlegen in Asche mit Papier umwickeln.

Im vorigen Jahrhundert trat bei Hausschweinen verstärkt Trichinenbefall auf, der oftmals zu Todesfällen bei den Menschen führte. Um solchen Umständen Einhalt zu gebieten, ergingen an die Verbraucher ständig öffentliche Warnungen, das Schweinefleisch nicht ohne eine vorherige Trichinenschau zu verzehren.

Zunächst übernahmen die Tierärzte die Funktion des Trichinenbeschauers. Späterhin führten diese Tätigkeit auch andere Personen, in Lübbenau beispielsweise die Frisöre, aus.

In der ersten Hälfte des 20. Jahrhunderts bestand die Fleischmahlzeit der Spreewälder am Sonntag meist aus: „Schweinefleisch in Reissuppe, der hartgekochte, zerstückelte Hühnereier und große Rosinen beigemischt werden, Schweinefleisch mit Kohlrüben, Rindfleisch mit dicker Gerstengraupe oder dicker Grütze und Fleischbrühe und mancherlei Braten, der jedoch mehr gekocht als wirklich gebraten erscheint. Als Kompott dazu sind gebackenes Obst, eingelegte rote Rüben, manchmal auch Preiselbeeren nicht selten." (E. Müller, 1921).

Oftmals bestand die sonntägliche Mittagsmahlzeit (und besteht auch heute noch) aus Fisch in Spreewaldsoße. Dieses Gericht ist sicherlich auf den Fischreichtum der Landschaft zurückzuführen und hat hier eine lange Tradition.

Selbst Fontane beschreibt in seinen Wanderungen durch die Mark Brandenburg im Kapitel I: „Das wäre kein echtes Spreewaldsmahl, wenn nicht ein Hecht auf dem Tisch stünde. Die Leber ist von einem Hecht und nicht von einer Schleie. Der Fisch will trinken, gebt ihm was, daß er vor Durst nicht schreie."

Kein Gericht in dieser Region weist noch heute so viele Zubereitungsvarianten auf wie dieses. Jede Hausfrau schwört darauf, daß ihre Spreewaldsoße die „typische" und „richtige" ist. Die eine bereitet die Soße mit Weißbier, die andere mit Malzbier oder hellem Bier, oder es wird eine Halb- und Halbmischung von verschiedenen Biersorten vorgenommen.

Die wohl berühmteste und schmackhafteste Zubereitung von Fisch in Spreewaldsoße im ganzen Spreewald konnte nur Tante Anna aus der Dubkowmühle in Leipe. Von ihrem Gericht schwärmten und schwärmen selbst die Einheimischen.

Trotz der Geheimhaltung ihres Rezeptes gelang es Wilfried Lehmann aus Lübbenau in einer mit ihr geschickt geführten Rede und Widerrede, das Rezept doch noch abzulauschen.

Das bisher auch in seiner Familie streng gehütete Rezept soll hier nun mit seiner dankenswerten Genehmigung abgedruckt werden.

Wie es dazu kam: „Als ich vor 30 Jahren im Spreewald ansässig wurde, interessierte mich als leidenschaftlicher Fischesser natürlich die Rezeptur der Soße. Es gibt mehrere Varianten der Zubereitung. Aber richtig gut schmeckte mir die Soße bei Tante Anna in der Dubkowmühle bei Leipe. Aber sie ließ sich nicht aus der Reserve locken, schließlich war die Dubkowmühle wegen dieses Gerichtes weithin bekannt.

Nun ergab es sich, daß ich in den 60er Jahren bei den regelmäßigen Storchennestkontrollen auch zur Dubkowmühle mußte.

Dort befand sich auch ein Nest. Aber das war nicht der Grund allein. Und nach zwei vergeblichen Anläufen bezüglich besagten Rezeptes beschloß ich, meine Taktik zu ändern.

Tante Anna interessierte sich als naturverbundener Mensch natürlich für das Ergebnis meiner Storchenzählung. So nebenbei erwähnte ich, daß es bei uns am Sonntag Fisch mit Spreewaldsoße geben würde. Und da sie wußte, daß ich ein ‚Zugereister‘ war, ließ sie sich mein Rezept erklären, ich redete munter drauflos und sie meinte dann hier und da, 'na, das machen Sie mal nicht so, junger Mann'. Ich brauchte nichts aufzuschreiben, das saß im Gedächtnis.

Fisch in Spreewaldsoße

Also man nehme die entsprechende Menge Fisch.
Er wird gereinigt und mäßig gesalzen. Drei bis vier gereinigte Plötzen und vielleicht ein Barsch werden mit einer großen zerschnittenen Zwiebel, Lorbeerblatt, Piment- und Pfefferkörnern sowie Salz ca. 20 Minuten in Wasser gekocht, dann aus dem Sud genommen und dieser durchgeseiht. Darin läßt man nun den zu reichenden Edelfisch garziehen. Dieser wird dann warmgestellt.
Für 2 Liter Sud reicht 1/2 l Sahne. Sofern diese nicht zur Verfügung steht, kann 1/4 saure und 1/4 Schlagsahne aus dem Handel genommen werden. Beides wird mit 4 gehäuften Eßlöffeln Mehl in einem Töpfchen verquirlt und unter ständigem Rühren in den kochenden Sud gegeben. Wenn Klümpchen entstehen, alles durch ein Sieb gießen. Ein halbes Stückchen Butter im Sud zerlaufen lassen, verfeinert den Geschmack. Anschließend kommt ein Glas Pilsner (0,33 Liter) in die Soße und alles mit Zitrone und Zucker abschmecken. Dazu werden der Fisch und Salzkartoffeln gereicht. Ein Teelöffel zerlassene braune Butter auf jeden Teller in die weiße Spreewaldsoße macht das Ganze perfekt. Aber erst wird der Fisch vom blanken Teller gegessen, Gräten herunter und dann gibt es Soße und Kartoffeln, schön zerdrückt und gegessen wird mit dem Löffel.
Und dann wieder Fisch. Zum Schluß genügt auch nur die Soße. So ist es Spreewälder Art. Guten Appetit!"

Tante Anna aus Leipe, 1912

Der Spreewald war einstmals für seinen Fischreichtum sprichwörtlich berühmt. Erst in den 20er Jahren unseres Jahrhunderts trat ein Rückgang des Fischbestandes ein, der vielerlei Ursachen hatte. Die Hauptfischarten waren Karpfen, Hecht, Zander, Aal, Wels, Schlei, Blei, Rotfeder, Quappe und Jesen, die den hier ansässigen Spreewaldfischern ins Netz gingen. Die Quappe war in so großen Mengen anzutreffen, daß sie wegen ihres niedrigen Verkaufspreises als „Brotfisch" bezeichnet wurde. Aufgrund ihres hohen Fettgehaltes trocknete man den Fisch auch und benutzte ihn als „Kienspan".

Die alten Fischer aus Burg fingen so viele Fische, daß sie diese eimerweise nach Cottbus auf den Markt brachten.

Dieser Umstand brachte ihnen die Bezeichnung der „Eimerleute aus Burg" ein.

Vielleicht wußten gerade die Burger von dem Geheimnis, das uns v. Schulenburg hinterlassen hat: „Wenn einer in die Fische fahren will, und vom Hause fortgeht, so soll man ihm einen Besen nachwerfen, aber ohne das er es merkt, dann fängt er viel."

Vorsicht war geboten, wenn man beim Fischen einer alten Frau begegnete, weil dann der fischereiliche Erfolg ausblieb.

Eine besondere Rolle in Zeiten der DDR spielte der Aal. Er stellte vor allem als Räucherware eine begehrte Delikatesse dar, die nur schwer zu haben war. Aus seinem damals raren Angebot entstand im Volksmund die Meinung, der Aal sei ein Fisch mit drei Farben: er wurde grün gefangen, braun geräuchert und schwarz verkauft.

„Egal, ob Fisch oder Aal, gegessen werden sie beide", sagte die 73jährige Lowiza Hänsch aus Burg.

Fischsuppe (R. Winter)

- 1 Fisch (nach Angebot: Hecht, Karpfen, Aal oder Schleie) putzen, säubern, säuern und salzen und in kleine Stücke schneiden
- Fischreste wie Kopf, Flossen, große Mittelgräte und mehrere Weißfische in Salzwasser kochen
- $\frac{1}{2}$ Sellerie, 2 Möhren, 2 Zwiebeln, Petersilienwurzel, Pfeffer- und Pimentkörner, 1 Lorbeerblatt mitkochen
- die Suppe 30 bis 45 min. langsam kochen
- durch ein Sieb abgießen
- Mehlschwitze aus 125 g Mehl und 125 g Butter mit dem entfetteten Fischsud ablöschen
- nochmals 5 min. kochen und 2 Eigelb unterziehen
- die guten Filetstücke eingesalzen ca. 10 bis 15 min. in Wasser durchziehen lassen
- Filetstücke auf dem Teller anrichten, mit Suppe übergießen und mit frischen Kräutern (Petersilie, Dill) garnieren
- anstatt der Filetstücke kann man auch Fischklößchen reichen

DIE JAGD IM SPREEWALD

WENN auch Wildbret nicht in größerem Umfange zur täglichen Nahrung zählte und heute noch zählt, soll es aber an dieser Stelle nicht vergessen werden.

Elch-, Bären-, Auerochsen-, Hirsch-, Wildschwein- und Rehfleisch sowie Wildenten und Birkwild gehörten zu den Wildgerichten, die von hiesigen Bewohnern ursprünglich verzehrt wurden. Während heute vor allem Rot-, Schwarz- und Rehwild in den Handel kommt, werden Hasen, Wildkaninchen und Wildenten bzw. Wildgänse nur noch sehr selten angeboten.

Zunächst wurde die Jagd zur Erlangung von zusätzlicher Fleischnahrung mit Pfeil und Bogen, Schlingen, Fallgruben und Armbrust, später dann nach der Erfindung des Schießpulvers, mit Steinschloßgewehren durchgeführt. Heute bestimmen hochentwickelte Jagdwaffen die Ausübung der Jagd.

Im Inneren des Spreewaldes wird die Jagd zwar ebenso mit modernen Jagdwaffen, aber dennoch mit dem herkömmlichen Transportmittel, dem Kahn, ausgeübt. Mit dem Kahn fährt der Jäger nicht nur zur Jagd, sondern schafft auch das erlegte Wild nach Hause.

Im frühen Mittelalter kam der Spreewald in den Besitz der hier ansässigen Adelsfamilien, die ihrerseits Wald- und Jagdgesetze erließen. Danach hatten sich alle Untertanen zu richten und auch bestimmte Wildbretabgaben an die Standesherrschaften zu leisten. So mußten Ende des 17. Jh. einige Einwohner von Lehde jährlich „14 wilde Enten" an den Standesherrn, Siegmund Casimir Graf zu Lynar, liefern.

Wurden herrschaftliche Klopf- und Treibjagden durchgeführt, waren viele leibeigene Bauern hierbei als Treiber eingesetzt. Nach damals üblichen sächsischen Rechtsvorschriften hatte der Jagdherr den Treibern „freie Lieferung oder Beköstigung an Speisen und Getränken" zu geben, die aus Brot, Bier und Branntwein bestand.

Die jagdberechtigten Personen durften erlegtes Wild nicht ohne Attest des jeweiligen Försters in die Stadt bringen, um den zahlreichen Wilddiebereien endlich einen Riegel vorzuschieben. Sicherlich konnte diese Maßnahme den Wilddiebstahl nicht gänzlich verhindern. 1848 führte es z.B. in Lübbenau dazu, daß der ehemalige Jäger Boblan wegen Wildfrevel verhaftet werden mußte. Auch die Männer der Lübbenauer „Bürgerwehr", die in der politisch unruhigen Zeit Ruhe und Ordnung herstellen sollten, nutzten den Besitz an Waffen aus, um ihre Familien mit heimlich erlegtem Wild aller Art zu versorgen.

Mitte des 19. Jh. empfahl die Calauer Kreiszeitung allen Jagd-, Fisch- und Taubenliebhabern folgendes Rezept zur Beschaffung von Wildbret:

„Um jedes Wildpret, besonders Hasen, an jeden beliebigen Ort, von weiter Ferne, zahlreich herbeizulocken, braucht man nur, wenn die Felder mit Schnee bedeckt und gefroren sind, an den Hauptpunkten, wo man jagen will, Petersilie (der Hasen Lieblingsfutter) in kleinen Büscheln auszulegen. Der Geruch davon lockt sie von allen Orten herbei. Auch kann man Kugeln aus Brodkrume und klein geschnittener Petersilie, nebst etwas pulverisierten Fenchelsamen, bereiten, und solche im Jagdrevier ausstreuen.

Um Vögel mit den Händen fangen zu können, forme man auf Mehl, Weinhefen und pulverisiertem großen

Wendische Bauernstube um 1850

50

Schöll= oder Schwalbenkraut Kügelchen, welche von den Vögeln leicht verschlungen werden können, so werden sie dumm und taub davon.

Raub= und Stoßvögel werden damit gefangen, daß man Krähenaugen pulverisiert oder raspelt, in rohes Fleisch Löcher sticht und das Krähenpulver hineinthut. Die Fleischstücken dürfen aber nur so groß seyn, daß sie von den Vögeln ganz verschluckt werden können. Wenn sie solche gefressen haben, bekommen sie einen solchen Schwindel, daß sie nicht fliegen und daher leicht gefangen werden können.

Wasservögel werden mit kleinen todten Fischen gefangen, die man mit ebengenanntem Pulver gefüllt hat."

Da der Wildbestand 1870 stark zurückgegangen war, erließ die Regierung der Provinz Brandenburg ein Gesetz, daß dem Jagdpächter strengstens untersagte, in den Hege- und Schonzeiten erlegtes Wild „in ganzen Stücken oder zerlegt, aber noch nicht zum Genuß fertig zubereitet zum Verkaufe" herumzutragen und „in Läden, auf Märkten oder sonst auf irgend eine Art zum Verkauf" anzubieten. Zuwiderhandlungen kosteten den Jagdpächter eine Geldbuße von 30 Talern und die Konfiszierung des Wildes. Beides geschah dann „zum Besten der Armenkasse".

Wildschweinkeule mit Ebereschen (M.Conrad)

Fleisch 2-3 Tage in eine Beize aus Buttermilch, Zwiebelringen, 2 Zehen Knoblauch, Wacholderbeeren, 3-4 Pfefferkörner, Thymian, Oregano und Petersilie legen. Danach das Fleisch herausnehmen, abspülen und trocken reiben.
Fleisch enthäuten und den übermäßigen Fettanteil entfernen.
Dicke Speckscheiben in eine Pfanne legen und in der Bratenröhre glasig werden lassen. Danach das Fleisch in das Fett legen, salzen und in einer Kaffemühle Wacholderbeeren, Piment, l-2 Nelken, Pfeffer, Senfkörner und Kümmel zu grobem Pulver zerkleinern. Das Fleisch damit dick bestreuen.
2 große Zwiebeln, 2-3 Zehen Knoblauch, Petersilienwurzel, Sellerie, Porree und Mohrrüben vorbereiten.

Fleisch kurz anbraten und Wurzelgemüse zugeben. Je nach Fleischdicke nach etwa 1 Stunde entweder Rotwein oder Sahne hinzufügen und alles in der Röhre weiter schmoren lassen.

Nach ca. 2,5 Stunden ist das Fleisch gar. Das Fleisch herausnehmen und warm stellen. Den Bratensud mit dem Gemüse durchseien. Soße abschmecken und leicht mit Mehl und Sahne andicken. Man kann auch schon im letzten Drittel der Bratenzeit eine dunkle Brotrinde dazugeben, die die Soße dunkler und schmackhafter macht. Als Beilage werden Kartoffeln und Ebereschenmarmelade gereicht.

Der Spreewald ist heute eines der bekanntesten Rückzugsgebiete für den Fischotter. Früher jedoch standen diese possierlichen Tiere nicht unter Schutz, und man stellte ihnen jagdlicherseits mit mehrzinkigen Speeren nach, wo man sie antraf.

In den Jahren von 1904 bis 1915 wurden allein um Lübbenau-Lehde 12 Fischotter gefangen bzw. „gestochen". Ob diese Tiere auch als Braten auf den häuslichen Tisch kamen, ist nicht ganz erwiesen. Sicher ist aber, daß es um 1900 ausgezeichnete Rezepte für die Zubereitung des Otterfleisches gab, z.B. Fischotter in Rotwein gedämpft. Besonders in städtischen Küchen galt dieses Gericht als vorzügliche Speise zur Fastenzeit.

Fischotter in Rotwein

Dazu wurde der Fischotter abgezogen, in Stücke zerlegt und in einer Marinade aus Essig, Kräutern, Gewürzen, Lorbeerblättern und Zwiebeln aufgekocht. Danach ließ man das Fleisch in der Marinade 6-8 Stunden stehen. Anschließend wurde in einer Pfanne Butter zerlassen, geschnittene Zwiebeln und Wurzelwerk hinzugefügt und das Fleisch obenauf gelegt und gesalzen.

Den so gedämpften Fischotter übergoß man mit 1/2 Liter Rotwein und fügte geröstete Semmel dazu und ließ alles nochmals leicht köcheln. Zuletzt wurde die Soße durch ein Sieb gegossen, nochmals aufgekocht und mit einem kräftigen Schuß Zitrone verfeinert.

„EIN GEFLICKTER TOPF HÄLT LÄNGER ALS EIN NEUER" (sorb. Sprichwort)

UR- und frühgeschichtliche Funde von Scherben und Tonbehältnissen beweisen mannigfaltig, daß sich unter unseren Altvorderen im Spreewald spezialisierte Töpfer befanden, die sowohl Kochgefäße als auch Behälter zur Bevorratung von Nahrungsmitteln herstellten. Die auf hölzernen Drehscheiben gefertigten Gefäße im 7. bis 9. Jahrhundert weisen vorwiegend doppelkonische und s-förmige Profile auf. Unter Zuhilfenahme eines mehrzinkigen Gerätes wurden sie mit Wellen- und Rillenlinien verziert.

Die Untersuchungen in der Tornower Siedlung des 8./9. Jahrhunderts ergaben, daß die hier arbeitenden Töpfer über 69 Drehscheiben verfügten.

In der Nähe von Rohstofflagern siedelten sich später kleinere Töpfereien an, die meist ihre Waren in der näheren Umgebung verkauften. In Spreewaldnähe war und ist es das Töpferzentrum Crinitz bei Finsterwalde. Noch bis in die 30er Jahre unseres Jahrhunderts boten die Töpfer ihre Produkte auf den städtischen Jahrmärkten, in Lübbenau und Calau an. Dazu gehörten Schüsseln, Kruken, Flaschen, Krüge, Töpfe, Backformen, Siebtöpfe etc.. Darin wurden Bier, Leinöl, Essig, Kaffee, Gurken, Heringe, Fleisch und andere Lebensmittel aufbewahrt.

Gefäße, die durch die ständige Benutzung Risse oder Sprünge aufwiesen, warf man aus Gründen der Sparsamkeit nicht weg. Entweder fanden sie für nichtflüssige Nahrungsmittel Verwendung, oder man ließ sie von umherziehenden Topfflickern mit einem festen Drahtgeflecht versehen.

Mit dem Aufkommen von Emaillegeschirr Mitte des vorigen Jahrhunderts verschwanden die Behältnisse aus Steingut zunehmend aus dem Spreewälder Hausrat.

Während ehemals einfaches Braungeschirr beziehungsweise Crinitzer Topfwaren oder die seit 1908 hergestellte Schwemmelware für die alltäglichen Mahlzeiten benutzt wurde, brachte man an Feiertagen und Festlichkeiten die schönen handbemalten Teller auf den Tisch. Ansonsten waren „selbst Teller nicht allgemein üblich. Die Suppen wurden von allen Speisenden aus einer gemeinsamen Schüssel gelöffelt." (E. Müller, 1921)

In großbürgerlichen Kreisen der Städte allerdings fand sich schon feineres Porzellangeschirr in den Haushalten. Teller und Krüge aus Zinn gehörten hier ebenso wie in wohlhabenden Bauernwirtschaften zum Hausrat.

In den vergangenen Jahrhunderten bestand der Hausrat vorwiegend aus natürlichen Materialien, wie Holz, Ton und Flechtwerk.

Die vielfältige Funktion und Skala der Geräte aus Holz reichte von Eßgeräten über Quirle, Kannen, Eimer, Butterfässer, Quarkleiter u.a.

W. v. Schulenburg berichtete darüber von seinen Eindrükken im Spreewald Anfang des 20. Jahrhunderts. „Hölzerne Teller ... mit Einschnitten fand ich noch vor. Ingleichen hölzerne Schüsseln ... zum Eßgebrauch ... Schöpfkellen, Löffel, Quirle sind von Holz ... Aus Pappel- und Erlenholz werden Futternäpfe für Hühner, Tröge für Schweine, Mulden zum Einsäuern und Teigkneten ... ausgehauen. Statt dieser Mulden hatte man vorher ... Backfässer."

Wenn es auch heute noch üblich ist, daß die meisten Spreewaldbauern ihre benötigten Weidenkörbe im Winter selbst fertigen, finden sich für Flechtarbeiten aus Stroh und Wurzeln in Form von Salznäpfchen, Eierkober, Tragekörbe, Sammelkörbe für Beeren u.ä. gegenwärtig keine Hersteller.

Bei den bäuerlichen Mahlzeiten verwendete man früher Holzlöffel, die später von Blechlöffeln abgelöst wurden. Gabeln kannte man fast gar nicht. Manch Spreewälder legt auch heute noch großen Wert darauf, daß das bekannte Gericht „Fisch in Spreewaldsoße" traditionsgemäß mit dem Löffel gegessen wird.

Als in den Spreewälder Küchen schon verstärkt Gabeln als Eßbesteckteile Eingang gefunden hatten, aß man bei bestimmten Speisen nur damit. Die Benutzung von Messer und Gabel war kaum üblich und ist gegenwärtig noch bei einigen Familien nur zu familiären Höhepunkten anzutreffen.

Da die ärmeren Schichten ohnehin nicht genügend Eßgeräte hatten, waren geladene Gäste zu Feierlichkeiten angehalten, ihre eigenen Löffel und Messer mitzubringen.

Nur mit dem Messer wurden auch Pellkartoffeln mit „Stippe" gegessen. Die Kartoffeln hatte man vor sich auf dem Tisch zu liegen. Eine Kartoffel nach der anderen wurden geschält, stückweise mit dem Messer abgeschnitten und auf die Messerspitze gespießt. Das aufgespießte Kartoffelstück tauchte („stippte") man nun in das auf dem Tisch stehende kleine Schälchen mit Leinöl und aß es anschließend.

Alltägliches Eßgeschirr um 1850
(nachgestellt im Spreewald-Museum Lehde)

Ähnlich verfuhr man mit einem anderen Gericht: In einem Tiegel wurde Speck mit Sahne durchgebraten. Daraufhin kam der Tiegel auf den Tisch und alle anwesenden Personen „stippten" mit ihrem Messer darin die aufgespießten Pellkartoffeln.

Stampfkartoffeln mit ausgelassenem Speck wurden nur mit dem Löffel gestippt. In der Mitte des Topfes drückte man mit einem Löffel eine Vertiefung in den Kartoffelbrei, schüttete den Speck mit dem Fett hinein und löffelte dann gemeinsam vom seitlichen Topfinnenrand her die Stampfkartoffeln, die jeweils in die Speckstippe getaucht wurden. Ab und zu spießte man sich mit der Messerspitze auch eine Speckgriebe zum Verzehr auf.

Übrigens: Um 1880 war man im Spreewald der Meinung, wenn man ein Messer richtig scharf haben wollte, mußte es ein ganzes Jahr lang in der Erde liegen. Je länger es darin lag, um so schärfer wurde es.

In den alten Blockhäusern des Spreewaldes gab es nur einen einzigen Wohnraum, der sich an der Giebelseite des Hauses befand. Lediglich kleinere Kammern dienten als Schlafplatz für Familienangehörige, als Ausgedinge oder zur Aufbewahrung von Vorräten.

Das wichtigste Stück im Wohnraum war ein mit sogenannten Näpfchenkacheln gemauerter Ofen mit dem eingemauerten Wassertopf. Der Ofen wurde vom Flur aus beheizt, damit die Stube rauchlos blieb. „Neben dem Ofen befindet sich ... ein kleiner Wandkamin, in dem man im Sommer, um den Ofen nicht heizen zu müssen, kochte und von dem aus die Stube beleuchtet wurde."

Während der kalten Jahreszeit wurden darin alle Speisen und das Viehfutter zubereitet. Neben dem Ofen war das Ofenloch (pjacyk). Es stand mit dem Rauchfang in Verbindung. „Im Ofenloch bratet, krescht und schmort man außerdem allerhand, brennt Kaffee und dergleichen." (W.v. Schulenburg)

Brennesselsuppe (Ch. Lehmann-Enders)

- 200 g frische Brennesselspitzen gründlich waschen, zerkleinern und in zerlassener Butter dünsten
- anschließend Milch darüber gießen, 10 min. köcheln und mit l Prise Salz und Pfeffer würzen
- 1-2 gekochte Kartoffeln pürieren und in der Suppe nochmals 5 min. köcheln
- Brennesselsuppe ist als blutreinigende Frühjahrskur gut geeignet; leicht abführend

56

ERNÄHRUNGSGEWOHNHEITEN
(Veränderungen der Ernährungsgewohnheiten im Bauernstand)

DIE Ernährungsgewohnheiten der leibeigenen Untertanen bis zu Beginn des 18. Jahrhunderts waren geprägt von der privat zur Verfügung stehenden Zeit in Haus und Hof. Darüber hinaus war entscheidend, ob sie während ihrer Untertanendienste von der Herrschaft mit Speise und Trank versorgt wurden oder eigene Verpflegung mitzubringen hatten.

Eine eindrucksvolle Darstellung von der mißlichen Ernährungslage der Untertanen gibt eine Klage an den Kurfürsten in Dresden vom 25. April 1791 wieder, in der es heißt:

„O Gott, wann unser Herr, der Besitzer von Tornitz, unsere armselige Umstände, die ihm alle wissent sind, zu Herzen gehen laßen wolte, ...unsere in höchsten Grade recht erbärmliche Laage, denn das gantze Jahr können wir keine Kanne Butter zu unsern Gebrauch bedienen, sondern selbige, wie ingleichen Eyer, Hüner und was unsere notdürftige Nahrung giebt, zu den allgemeinen Abgaben zu versilbern suchen ...Wir essen unser bißen Brodt, Knödeln und Mehlsuppe Jahr aus und ein mit Saltz, und unser täglicher Tranck ist, wie es die gütige Natur darreicht, das liebe Waßer; wir sind damit zufrieden, danken den lieben Gott, daß er uns und unsere Kinder die Gesundheit schenckt." (R. Lehmann)

Die sozialen Veränderungen in den bäuerlichen Schichten im 18./19. Jahrhundert, durch Abschaffung der Leibeigenschaft und der Separation, fanden sowohl in der Lebensweise als auch in den Eß- und Trinkgewohnheiten ihren Niederschlag.

Bisher versammelte sich die Bauernfamilie mitsamt dem Gesinde zur Mahlzeit an einem Tisch. Jeder hatte seinen Platz auf den Bänken, Stühlen und Schemeln. Dem Hausvater gebührte ein besonderer Sitzplatz. Zuweilen kam es vor, daß die Kinder aus Platzmangel am Tisch ihr Essen im Stehen einnehmen mußten.

Im Laufe des 19. Jahrhunderts setzte vor allem in großbäuerlichen Wirtschaften eine allmähliche Auflösung der Tischgemeinschaften ein. Seit dieser Zeit verzehrte das Gesinde seine Mahlzeiten entweder in der Küche allein oder in den „Gesindestuben". Nur zu bestimmten Festtagen fanden sich alle Mitglieder des Hofes zu den Mahlzeiten wieder zusammen.

Das neue Lebensbewußtsein der Bauern in dieser Zeit brachte 1854 ein ungenannter Einsender mit seinem Gedicht im Calauer Kreisblatt auf folgende humorvolle Weise zum Ausdruck:

Bauern=Leben (gekürzt)

Kein Stand ist so hoch gestiegen,
Als der Preuß`sche Bauernstand;
Kein Grundstückchen bleibt mehr liegen,
Müh` und Fleiß wird angewandt,
Alles in Kultur gebracht,
So: daß Alles lebt und lacht;
Würden dies die Alten sehen,
Wahrlich ihr Verstand blieb`stehen!

Grobe Hemden, grobe Kittel,
Hatten sonst die Bauern an;
In den Händen derbe Knittel,
D`ran erkannte man den Mann;
Aber jetzt ist`s umgekehrt:
Feines Tuch von großem Werth
Kommt zum Rock, und Sammt zum Kragen,
Feine Lein`wand wird getragen.

Flatterhauben, Bänder, Spitzen,
Polka=Jäckchen und Handschuh,
Auf dem Kopf Zehn=Thaler=Mützen,
Große Kragen, bunte Schuh,
Feine Hemden, Atlasleiber,
Tragen jetzt die Bauernweiber;
Müffe, wie ein Butterfaß, =
Höre Freund! gefällt dir das?

Als sie mit`m Gesinde aßen,
Schwarzes Brod und Quark dazu,
Und auf hölzernen Stühlen saßen,
Wenn sie hielten Mittagsruh;

Und wenn auch die beste Zeit,
Sie doch waren arme Leut`;
Mußten dreschen, rüffeln, schwingen,
Um die Steuern aufzubringen.

Jetzt ist Alles bei Euch nette,
Hausgeräthe; groß und klein.
Kanapee und Himmelbette,
Muß ganz nach der Mode sein.
Gehet es nach Eurem Wunsch,
Trinkt Ihr Kaffee, Wein und Punsch;
Hasenbraten, Gäns` und Fische,
Findet man auf Eurem Tische.

Kehrt Euch nicht an bösen Zungen,
Achtet d`rauf nicht mehr die Spur.
Eure Schaf= und Pferdejungen
Tragen jeder eine Uhr.
Schafft Euch zwei zu gleicher Zeit,
Zeiget daß Ihr Herren seid,
Eßt an Rindfleisch Borree=Zwiebeln,
Traget Sporn und spitz`ge Stiefeln.

Die tägliche Beköstigung der Knechte, Mägde und Tage-
arbeiter, die bei einem Bauern beschäftigt waren, richtete sich
in der Hauptsache nach den anfallenden Arbeiten und den dabei körperlich notwendigen Anstrengungen. Nicht selten fie-
len die an sich verabreichten Speisen einseitig und gering aus,
wie es das Beispiel eines Knechtes in Burg zeigt:

„Von Ostern bis Pfingsten habe ich nur eine
einzige Fleischspeise bekommen, sonst gab es nur
Milchspeise, und zwar mit weißen Rüben oder Fuchs=
schwanz (auf wendisch `Ber`genannt) ... Als mein
Vormund Gurrenz mich dort fortnahm ... schrieb ich
folgendes an die Kammertür: Kraut und Rüben hat
mich vertrieben, hättet ihr mal Fleisch gekocht, wäre
ich weiter geblieben."

(Sagenhaftes Burg, 1994)

Im allgemeinen bestanden die Tagesmahlzeiten aus dem ersten und zweiten Frühstück, Mittagessen, Vesper und Abendbrot.

In Drachhausen erhielten um 1930 die in der bäuerlichen Wirtschaft mithelfenden Personen gewöhnlich nur von morgens bis zum Vesper Speisen und Getränke gereicht.

Zum 1. Frühstück - 7.00 Uhr: Gemeinsame Einnahme beim Bauern; Pellkartoffeln, Leinöl oder ausgelassener Speck, danach Pflaumenmus oder Sirupstulle und Malzkaffee (Muckefuck)

2. Frühstück - 10.00 Uhr: Auf dem Felde; Belegte Brotschnieten von selbstgebackenem Brot mit Schinken und Wurst

Mittag - 13.00 Uhr: Zu Hause beim Bauern; meistens Eintopf mit etwas Fleisch, viel Kompott, vor allem in Essig eingelegtes Obst aus dem Steintopf, anschließend Malzkaffee, Blechkuchen oder Christstolle (während der Ernte)

Vesper - 16.00 Uhr: Malzkaffee und belegte Brotschnieten

Das Abendbrot nahm man bei sich zu Hause ein.

Bei der Gesindeverpflegung wurde mit Butter sehr sparsam umgegangen. Oftmals war an Stelle von Butter das Brot mit Quark, Leinöl und Zwiebeln belegt.

Nicht selten achtete schon der Bauer oder die Bäuerin beim gemeinsamen morgendlichen Frühstück argwöhnisch darauf, daß das Gesinde von dem ohnehin einfachen Frühstück nicht zu viel aß.

Eine oft gekochte Mittagsmahlzeit für die bäuerliche Familie und das Gesinde war in den Sommermonaten der 30er und 40er Jahre des Jahrhunderts in Burg die

<u>Žolta zupa - Gelbe Suppe</u>

In einer Schüssel wurde etwas Mehl, 1 Ei und Milch miteinander vermengt. Mit einem Löffel stach man davon kleine Klößchen ab und brachte sie in Wasser zum Kochen. Damit das Wasser einen guten Geschmack und eine gut Färbung erhielt, wurden die Blütenteile des „Spreewälder Safrans", des Saflors (Carthamus tinctorius L.), zerstoßen und dem Kochwasser beigefügt. Das sich beim Kochvorgang absondernde Mehl der Klößchen macht die Gelbe Suppe dick und sämig. Als Verfeinerung des Gerichtes kam noch ausgelassener Speck hinzu.

Alte Spreewaldküche um 1925

Zu dieser Speise wurde weder etwas dazu gegessen noch getrunken.

Während die in der Landwirtschaft tätige Bevölkerung in den Jahren nach dem 2. Weltkrieg ein gewisses Maß an Lebensmitteln selbst produzierte, gestaltete sich die Lage der Stadtbewohner immer prekärer. In dieser Zeit zogen Letztere mit ihren verbliebenen Habseligkeiten auf den Schwarzmarkt, um in Tauschgeschäften Nahrungsmittel zu erwerben. Andere wiederum versuchten, auf den abgeernteten Feldern der Bauern die liegengebliebenen Früchte aufzusammeln, zu stoppeln.

Am 21. Juni 1948 veröffentlichte der damalige Rat des Kreises Calau einen Aufruf an die landwirtschaftliche Bevölkerung, in dem auf die mangelhafte Milchablieferung durch die Landwirte hingewiesen wurde. Durch diese Situation steuerte die Versorgung der Stadtbevölkerung auf eine Katastrophe zu.

Wegen der Zurückhaltung oder anderweitigen Verwendung der produzierten Milch mußten alle Milchzentrifugen und Butterfässer beim Bürgermeister der Gemeinden gemeldet und verplombt werden. Unter Androhung von gerichtlichen Strafen wurden Zuwiderhandlungen geahndet.

Landwirte, die das geforderte Milchsoll nicht erbrachten, erhielten keine Schlachtgenehmigungen. Bei Erfüllung beziehungsweise Überfüllung konnte überschüssige Milch in den Molkereien gegen Butter eingetauscht werden.

Mit der Gründung von landwirtschaftlichen Produktionsgemeinschaften (LPG) hatten die Bauern nur noch geringen oder gar keinen privaten Viehbestand mehr. Die benötigten Nahrungsmittel kauften sie sich nun im Dorfkonsum.

Für die Verpflegung der LPG-Mitglieder kamen wochentags die LPG-Küchen auf, die allerorts eingerichtet wurden. Für die eigene Familie aber kochte die Hausfrau das Mittagessen entweder in den Abendstunden tagszuvor und an den Wochenenden.

Dorfbewohner und Städter bauten im Nebenerwerb vor allem Gemüse an, um es an die zahlreichen Konservierbetriebe oder dem Handel abzugeben. Da Obst und Gemüse vom Staat subventioniert wurden, lieferten die Erzeuger dieses in den Geschäften für einen höheren Betrag ab, als es späterhin an die Bevölkerung verkauft wurde. Dieser Umstand führte zuweilen dazu, daß es Geschäftstüchtige gab, die in den Läden billiges Obst und Gemüse privat aufkauften, um es in anderen Geschäften zum Erzeugerpreis wieder zu verkaufen.

Ähnlich gestalteten sich diese Mißstände hinsichtlich des Brotes. Aufgrund der niedrigen Brotpreise gelangten oft große Brotrationen in die Futtertröge der Schweine, die man damit mästete. Ebenso verfütterten Kleintierzüchter größere Mengen von Brot an ihre Kaninchen, die eine beachtliche Erzeugerprämie einbrachten, wenn sie zur Versorgung der Bevölkerung abgeliefert wurden.

Insgesamt veränderten sich grundlegend die Lebens-, Nahrungs- und Eßgewohnheiten der ländlichen Bevölkerung im Spreewald nach 1960 und nahmen verstärkt städtische Charakterzüge an.

DIE KARGE KRIEGSKOST

DIE Ernährung im Kriege und in den Jahren danach waren und sind immer Notzeiten. Demzufolge gestaltete sich auch die pflanzliche und fleischliche Kost, die bei den kargen Mahlzeiten auf den Tisch gelangte.

Bereits am Beginn des Mittelalters wußte der fränkische Herrscher Ludwig der Deutsche die slawischen Siedler in seinem Kriegszug (851) zu unterjochen, „Indem er die Ernte vernichtete und sie aller Hoffnung auf Nahrungsmittel beraubte, besiegte er sie mehr durch Hunger als durch das Schwert."

Wenn man auch meint, daß gerade in den bäuerlichen Wirtschaften durch Ackerbau und Viehzucht stets Lebensmittel, wie Kartoffeln, Getreide, Butter, Milch, Quark etc. stets vorhanden waren, die man selbst produzierte, ist dies ein Trugschluß. Gerade in Kriegszeiten hatten auch sie durch erhöhte Naturalienabgaben und der Wegnahme von Vieh unter den mißlichen Kriegsumständen zu leiden. Im Dreißigjährigen Krieg, wo allerorts Dörfer verwüstet, die Menschen zuhauf starben, der Ackerbau nicht betrieben werden konnte, die herrschaftlichen Kontributionen drückten und vieles andere mehr, war die Not sehr groß. „Vermochte man kein Getreide zu kaufen oder sonst zu erlangen, dann drohte der Hunger, und die Leute mußten sich zusammensuchen, was irgend noch genießbar war. Hederich, Spreu, Leinknoten wurden gemahlen und mit Kleie zu Brot gebacken. Selbst mit dem Harz von Kirsch- und Pflaumenbäumen und mit frischem Laub und jungem Grase suchte man den Hunger zu stillen." (R. Lehmann)

Den Ackerbürgern der kleinen Spreewaldstädte erging es nicht viel besser. Sie hatten meist in den Kriegen durchziehende Soldaten im Haus aufzunehmen und/oder diese gehörig mit Lebensmittel zu versorgen.

Nicht selten waren Plünderungen in Stadt und Land durch militärisch losgelöste Truppenteile an der Tagesordnung. Im Monat August 1707 hatte beispielsweise die Stadt Calau an das Dragonerregiment des Überläufers von Görz 30 Pfund Fleisch pro Mann an 350 Soldaten liefern. Außerdem mußten die Calau´schen Dörfer Weißagk, Zwietow und Mlode an dieses Regiment „20 Viertel 50 Kannen Bier, 2.522 Pfund Brod,

267 Pfund Rindfleisch, 8 Schöpse, 90 Metzen Grütze, 90 Metzen Erbsen und 110 Pfund Butter abgegeben." (Merbach, 1833)

In den Kriegen erwies sich der Nutzen der Kartoffel immer wieder als segensreich. Deutschland entwickelte, wie wir noch sehen werden, sogar einen nachahmenswerten „Kartoffelbrotgeist".

Nach der Zerschlagung der napoleonischen Armee erhielten die 1814 aus Rußland kommenden französischen Offiziere nach „kaiserlich-russischen Tarif" Lebensmittel zugeteilt: ein General bekam 16 Pfd. Brot, 2 Pfd. Gemüse, 1 Kanne Branntwein und 16 Pfd. Fleisch.

In den Kriegsjahren 1870/71 wurden auch die Spreewaldbewohner über die Tagespresse zu täglichen Sparmaßnahmen auf dem Gebiet der Ernährung aufgefordert. Während des 1. Weltkrieges gab das Ministerium des Innern sogar ein Büchlein mit Anleitungen zur Ernährung im Kriege heraus. So wurden alle Leser erst einmal darüber aufgeklärt:

> „ Die Lebensmittel, die Kunst und Fleiß der deutschen Landwirte, dieser tüchtigsten Landwirte der Welt, erzeugen, reichen bei rechter Verteilung und zweckmäßigem, sparsamen Verbrauch aus, das deutsche Volk auch ohne fremde Zufuhren zu ernähren.
>
> Im Frieden hatten wir die Vorratsbeschaffung den Bedürfnissen und Neigungen angepaßt. Nun werden wir die Bedürfnisse den vorhandenen Vorräten anpassen und auf die Neigung, die Gewohnheiten behaglicher Haushaltung verzichten." (1914)

Durch die strengste Vermeidung jeglicher Verschwendung an Lebensmitteln, durch die verstärkte Ausnutzung des Bodens zur Gewinnung von Nahrungsmitteln und durch „eine neue kriegsmäßige Organisation des Nahrungsmittelverbrauchs", sollten die plötzlich kriegsbedingt fehlenden Lebensmittel ersetzt werden. Man war sich klar darüber, wenn ein Nahrungsmittel knapp wurde oder gar fehlte, konnte es durch ein anderes ersetzt werden. Daraus resultierten dann auch nachfolgende Ratschläge: „ ... Der fehlende Weizen bei der Semmelbäckerei (kann) durch Roggenmehl, ... das knappe Roggenmehl durch Kartoffeln gestreckt werden. So können Mehlspeisen mit reichem Zuckersatz für eine kargere als die gewohnte Brotration oder für sparsam bemessene Fleisch- und Gemüsemahlzeiten Ersatz schaffen.

Käse kann an die Stelle des allzu üblichen Fleischbelags, Obstmus an die der Butter treten."

Das Fehlen von Lebensmitteln hieß aber auch, vermehrte Ausnutzung des Bodens durch veränderten Anbau zu betreiben, z.B. „Kartoffeln an Stelle von Zuckerrüben und Gemüse an Stelle von Luxusfrüchten" anzubauen.

Teile von Moorflächen, brachliegendes Bau- und Gartenland mußten der landwirtschaftlichen Nutzung zugeführt werden. Selbst die Bestellung von Geländestreifen an den Bahngleisen wurde staatlich angeordnet.

Zum Kuchenbacken waren der Hausfrau kaum noch Möglichkeiten geblieben, da sie von den Brotkarten meist kein Mehl anschaffen konnte. So hieß es: „Es ist nicht patriotisch, besseres, weißeres und feineres Gebäck im Hause herzustellen", als die Bäcker nach den vorhandenen Bestimmungen an Roggen- oder Weizenmehl verbacken durften. Zuwiderhandlungen hatten mancher Spreewälder Hausfrau Denunziation und polizeiliche Unannehmlichkeit gebracht.

Das deutsche Innenministerium ergab sich indes in Lobeshymnen über den deutschen Opfersinn und Gemeingeist und schwärmte vom sogenannten deutschen „Kartoffelbrotgeist".

„Daß wir mit unserer Ernährung Kriegsdienste tun, daß wir uns unser täglich Brot in schmaler Ration zumessen lassen, daß wir grobes Weißbrot und Kartoffelbrot ohne weiteres essen gelernt haben, daß wir nicht nur mit dem Geld, sondern auch mit Nahrungsmitteln rechnen lernen: das ist unser Kartoffelbrot-Geist, der den Sieg tragen hilft zur Enttäuschung unserer Feinde." (1914)

Da die Hausfrauen bisher gewohnt waren, schon morgens zu überlegen, was für die täglichen Mahlzeiten eingekauft werden mußte, hatten sie nunmehr als „Kriegsdienst" umzudenken und zu „kaufen, was da ist ... Der Küchenzettel darf nicht vor dem Einkauf, sondern muß während des Einkaufs fertig werden." Die Hausfrau hatte auch dafür zu sorgen, daß allgemein weniger gegessen wurde, daß heißt, Abschaffung des

„ersten und zweiten Frühstücks, Mittag, Vesper, Abendessen: das ist mehr, als der Mensch braucht ... Nicht immer, wenn man Lust zum Essen hat, hat man Hunger." konstatierte die herausgegebene Schrift des Ministeriums.

Auch das achtlose Wegwerfen von Fettresten und Fettabfällen auf Tellern und Schüsseln war wegen der „ungeheuren Vergeudung" von Fett verwerflich.

Obschon jede Bäuerin und Hausfrau gerade in Notzeiten findig sein und sich ständig überlegen mußte, was sie ihrer Familie täglich auf den Tisch brachte, ließen es sich während der letzten Jahre des 2. Weltkrieges die staatlichen Ideologen nicht nehmen, immer wieder praktische Ratschläge für die Hauswirtschaft zu erteilen.

So erschienen in der hiesigen Tagespresse tägliche Kochtips, wie man zum Beispiel Beerenfrüchte ohne Zucker einkocht, Brotklöße herstellt, die Verwendung von Schotenschalen, Kohlrabisalat, Grüne Erbsen in Flaschen, Herstellung von Suppenwürze und Pilzvorräte für den Winter, oder sie gaben Hinweise, daß auch Wildfrüchte zum Dampfentsaften geeignet sind.

Auch solche Rezepte, wie die Zubereitung von Quark-Kräuter-Tunke, Grützeklöße oder die Verwendung von Wildkräutern und Wildgemüse, von Obstschalen und Pflaumen- bzw. Kirschkernen als Mandelersatz, fanden sich unter all den vielen Küchenratschlägen.

Neben dem Küchentip, das übriggebliebene Gemüse- oder Kartoffelwasser als wertvoll für die Zubereitung von Suppen, Tunken und anderen Gerichten zu nutzen, klärte man die Hausfrau über ihre Verantwortung für eine sinnvolle Ernährung und zweckmäßige Lebensweise auf, um die „Gesundheit und geistige Frische" ihrer Familienmitglieder zu erhalten.

Ausschneiderezepte waren gang und gäbe. Das folgende soll dem Leser hier nicht vorenthalten werden:

„Für eine wohlschmeckende Speise Brot- oder Kuchenreste kleinkrümeln und mit einem Teil den Boden einer Schüssel auslegen. Darauf dünne Schichte Marmelade verteilen und die Hälfte eines nach Anweisung, aber mit 1/8 l Milch oder Wasser mehr, gekochten Pudding geben. Nochmals Brot, Marmelade, Pudding obenauf, kühl anrichten."

Sicher war es für die damalige Hausfrau keine Neuigkeit, als die Zeitung schrieb, daß „das Bett als Kochkiste" ausgenutzt werden konnte, um vor allem Elektroenergie zu sparen.

„Das Bett als Kochkiste.

Tüchtige und fortschrittliche Hausfrauen haben es nicht erst im Krieg gelernt, sondern in langen Friedensjahren als etwas Selbstverständliches geübt, das Bett ganz planmäßig, sozusagen als Ergänzung ihrer Küchenutensilien, gleichsam als „verlängerte Küche" auszunutzen. Wenn der Hausherr sich zum Mittagessen etwas verspätet hat, nimmt die kundige Hausfrau den Topf Pellkartoffeln vom Feuer, wickelt ihn in ein paar alte Zeitungen oder in einige Küchenhandtücher ein und bettet ihn unter die wärmehaltende Bettdecke.

Aber das gute Bett kann bei gewissen Speisen auch recht gut die Rolle einer Kochkiste übernehmen und dabei entsprechende Mengen Kohle, Gas oder Strom sparen helfen. Reis zum Beispiel, den man auf dem Herd nur angekocht hat, quellt, ins Bett eingepackt, gut weiter und wird auf diese Weise genußfertig. Die im Bett konservierte Hitze genügt durchaus, um das Quellen der Speisen zu Ende zu bringen, ohne daß sie anbrennen können.

(Lübbenauer Tageblatt, 10.07.1944)

Mit Zuspitzung der schlechten Lebensverhältnisse in den letzten Kriegsjahren stiegen die Obst- und Gemüsepreise beachtlich an. Im Juli 1944 kosteten 10 Kilo Johannisbeeren 46,00 Reichsmark, Wirsingkohl über 500 Gramm 20,00 RM, Kopfsalat über 200 Gramm 7,00 RM, Petersilie, Dill, Bohnenkraut und Schnittlauch, kleine Bunde 4,00 RM, 50 Stck. Zwiebeln 40,00 RM, Freilandgurken 50,00 RM, Pilze und Blaubeeren je 10 Kilo zwischen 120,00 RM und 129,00 Reichsmark. Für die Bevorratung mit 3 Zentner Speisekartoffeln erhielten die Verbraucher Mitte des Jahres 1944 Bezugsausweise für den Zeitraum vom 13.11.1944 bis 22.7.1945.

Nahrungsmitteleinsparung und gesteigerte Ablieferungen von Milch, Eiern, Kartoffeln usw. prägten die letzten Kriegsjahre ganz entscheidend. Extra Prämien für Mehrablieferungen wurden ausgeteilt. So sollten die Geflügelhalter z.B. das

Mindestablieferungssoll von 60 Eiern noch übertreffen, da „Das Ei ... besonders jetzt, im fünften Kriegsjahr, für Wehrmacht und Lazarette, für die Kinder in der Stadt und die Werktätigen ein wertvolles und unentbehrliches Lebensmittel" bedeutet.

Um Familienfeiern, wie Kindtaufe, Hochzeit oder andere Jubiläen ausrichten zu können, mußte beim kreislichen Ernährungsamt ein Antrag auf Sonderzuteilung für Nahrungsmittel gestellt werden.

In Kriegszeiten erinnerten sich aber auch die hiesigen Bewohner wieder auf längst vernachlässigte Küchenrezepte, z.B. auf die Bereicherung des Speiseplanes durch Brennesselsuppen und -salate, auf Kräuter als pikanten Brotaufstrich, auf das Schwarz- und Vollkornbrot und auf Obstkaltschalen. Oftmals bereiten sich noch gegenwärtig meist ältere Menschen im Spreewald einfache Gerichte, wie Pellkartoffeln mit Speckgrieben und saurer Gurken, Schlippermilch mit Kartoffeln, Saubohnen mit Speckgrieben und Petersilie oder geschmorte Gurken.

Die notwendigsten Lebensmittel, wie Zucker, Mehl u.ä. erhielten die Menschen nur auf Lebensmittelkarten, die nach Anzahl der Familienmitglieder entsprechend vom Staat ausgegeben wurden. Sie waren auf die notdürftigsten Versorgungsbedingungen bemessen und ließen der Hausfrau nur wenig ernährungstechnischen Spielraum.

Noch bis in die 50er Jahre nach dem 2. Weltkrieg zählten Lebensmittelkarten auch zum Spreewälder Alltag. Dabei erhielten Familien mit Viehbestand, die als Selbstversorger galten, Lebensmittelkarten nur für Nahrungsmittel, die sie nicht selbst produzierten, wie beispielsweise Zucker.

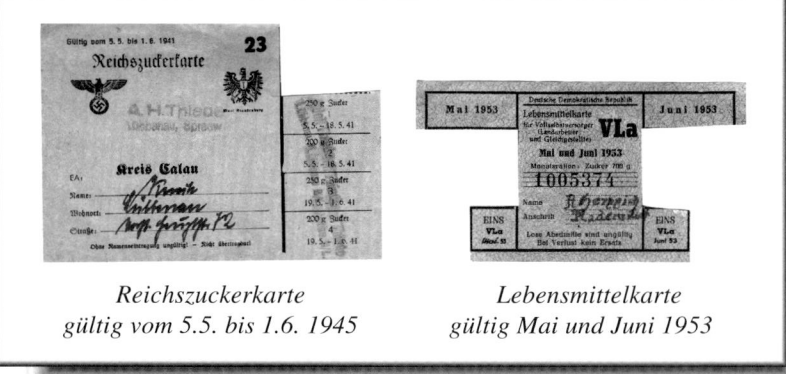

Reichszuckerkarte
gültig vom 5.5. bis 1.6. 1945

Lebensmittelkarte
gültig Mai und Juni 1953

DIE KRANKENKOST

DIE bescheidene Spreewälder Kost mit ihren Kräutern, Quark, Leinöl, Eiern usw. diente auch den Kranken bei der Wiederherstellung ihrer Gesundheit als Krankenkost.

Lungenkrankheiten: Die Spreewaldbewohner tranken entweder sehr viel Ziegenmilch oder Leinöl.

Magengeschwüre: Täglich 1-2 Eßlöffel Leinöl einnehmen

Husten/Bronchitis: Kleingeschnittene Zwiebel mit Honig oder Zucker angesetzt und den Zwiebelsaft löffelweise mehrmals täglich einnehmen.
Oder: 1 Tasse warme Milch mit 4 Eßlöffel Leinöl und 2 Teelöffel Honig morgens und abends trinken.

Durchfall: Rautenblätter mit Rührei zubereitet

Zahnweh: 1 Stück vom frischen Meerrettich auf die schmerzende Stelle legen

Appetitlosigkeit: Die Blätter von Wermuth in Branntwein legen, nach einer gewissen Stehzeit frühmorgens 1 Glas trinken.

Schlaflosigkeit: 1 angebrannte o. angekohlte Pellkartoffel essen

Syphilis: Gegen die „Franzosen" half eine beim Bäcker gebakkene Semmel, die im warmen Zustand mit frischen Leinöl verzehrt werden mußte.

Krätze: Brotsuppe mit zerkleinerten Lorbeeren

Gelbsucht: 1 lebende Schleie an einen Bindfaden befestigen und 9 Tage um den Hals hängen, dann den Fisch abnehmen und in einen Fluß werfen, damit er wegschwimmen kann.

Besondere Vorsichtsregeln hatte eine schwangere Frau einzuhalten. Noch um 1988 behaupteten ältere Leute in Burg, daß das neugeborene Kind mit einem Muttermal auf die Welt kommt, wenn seine Mutter im schwangeren Zustand unsäglichen Appetit auf Pflaumenmus hat in einer Zeit, wo er aber nicht erhältlich ist. Schafft es der Ehemann doch noch, diese Speise heranzubringen, um den ausgefallenen Wunsch seiner Frau zu befriedigen, kommt es zur Bildung dieses schwarzen Mals.

Außerdem glaubt man im gesamten Spreewald, daß ein Kind ständig hungrig ist, wenn die Mutter als Schwangere immer großen Hunger verspürte.

SPEISEN UND GETRÄNKE ZU FAMILIENFEIERN

ZU Festen und Familienfeiern lebten die Bewohner des Spree-
waldes schon immer etwas üppiger. Für solche Anlässe schlach-
tete man oft ein Schwein sowie Hühner oder Gänse. Eier, Butter,
Quark und Sahne wurden aufgespart, soweit dies möglich war.
Alles in allem ging es besonders zu größeren Familienfeiern ans
„Eingemachte".

Die anstehenden familiären Feste, wie Kindtaufen oder
Hochzeiten, fanden vorwiegend in der ertragreichsten Jahreszeit, dem Herbst, statt. Einerseits war die arbeitsintensive Land-
arbeit des Jahres beendet, andererseits standen meist genügend
Nahrungsmittel zur Verfügung, um die Festtafel reichlich dek-
ken zu können.

Stand eine Hochzeit ins Haus, hielten die geladenen Gäste noch
bis Mitte der 50er Jahre unseres Jahrhunderts an der alten Sitte des
„Tragens" fest. Einige Tage vor der Hochzeit brachten Sie Milch,
Eier und Quark in das Hochzeitshaus. Als Gegenleistung erhielten
sie nach dem Fest ein großes Kuchenpaket mit nach Hause.

Bereits am Polterabend wurden die Mädchen der Spinn-
stube, die die Ehrengirlande geflochten hatten und in den Abend-

Wendisches Hochzeitsmahl 1932

stunden vor dem Brauthause mit kirchlichen und weltlichen Liedern aufwarteten, mit Kuchen beköstigt.

Den Burschen aus dem Dorfe, die die Ehrenpforte am Tor des Hochzeitshauses aufstellten, erhielten reichlich Bier und Schnaps.

Nach dem 2. Weltkrieg erreichte der Polterabend ein so großes Ausmaß, daß die Dorfjugend oftmals in einer Garage oder auf dem Hof der Brautleute mit Kuchen, belegten Broten oder Brötchen, Bier, Schnaps und Frikassee bewirtet werden mußten.

Am Hochzeitstag beköstigte man nur die geladenen Gäste, die bei ihrem Eintreffen im Hochzeitshaus einen kleinen Imbiss aus Brot, Butter, Käse, auch Wurstbrote, Bier und später Schnaps erhielten.

Die Hochzeiten wurden hauptsächlich im Brauthause ausgerichtet, wobei es noch heute üblich ist, daß die Braiteltern die Mahlzeiten materiell und finanziell bestreiten, während die Eltern des Bräutigams für die Beschaffung und Bezahlung der Getränke verantwortlich sind.

Nach der Trauung fanden sich früher die Familienangehörigen und der Pfarrer zum Festmahl im Brauthaus ein. Ein wichtiges Ritual, von dem E. Kühn 1889 schreibt, war das Herumreichen des Hochzeitskruges: „... unter fröhlichem Jubel und Freudenschüssen geht es dem Hochzeitshause wieder zu. Hier empfängt sie das Festmahl, wobei der Hochzeitskrug aus Porzellan, bunt bemalt, mit Zinnbeschlägen, eine Hauptrolle spielt. Zuerst trinkt die junge Frau ihrem jungen Gatten zu, und so macht der mit Bier und süßem Landwein gefüllte Krug fröhliche Runde, bis er zur jungen Frau zurückkehrt, doch gar manchmal tritt er seine Reise an."

Die gewöhnliche Reihenfolge der Speisen bei größeren Kindtaufen und Hochzeiten war diese: Butterbrot mit Käse oder Wurst sowie Bier und Branntwein als Vorkost, danach Reissuppe mit Schweinefleisch oder Biersuppe, auch Brautsuppe genannt, dicke Erbsen mit Speckgrieben, Milchhirse mit gebräunter Butter und rotem Zucker oder dafür Meerrettich mit Rindfleisch oder auch Fisch in Spreewaldsoße.

Als Nachtisch reichte man den Gästen Butterbrot und Käse und während des abendlichen Tanzes Kaffee und Kuchen.

Für den zweiten Hochzeitstag bekamen die Anwesenden zum Mittagsmahl warme Grützwurst mit Brot, saure Heringe und einen Braten, später Kaffee und Kuchen.

Für die Zubereitung der Hochzeitsspeisen holte man sich meist mehrere Kochfrauen aus dem Dorfe.

Da die Bratenportionen gerade an solchen Festtagen sehr reichlich ausfielen, brachten sich mancherorts die Gäste kleine Töpfe mit, um die nicht verzehrten Speisereste mit nach Hause zu nehmen.

In den ersten Nachkriegsjahren 1946 - 1949 eine Hochzeit auszurichten, war nicht leicht. Ein Kalb oder Schwein zum Schlachten, das hatte man zumeist, aber Mehl, Zucker auf Lebensmittelkarten und Schnaps zu beschaffen, war schon weitaus schwieriger. Diese Lebens- und Genußmittel mußten schon von den staatlichen Stellen genehmigt werden.

So holten sich die Hochzeiter die Erlaubnis für den Kauf von Aquavit ein, um Likör herstellen zu können, oder die Brautleute tauschten 1 Gans gegen 1 Flasche Schnaps beim Lebensmittelhändler, im Schwarzmarkthandel ein. Heimlich stellten die Brautleute auch Selbstgebrannten aus Zuckerrüben her, um den Gästen etwas Alkoholisches anbieten zu können.

Auf einer Hochzeitsfeier in Raddusch 1948 sah das Hochzeitsmenü folgendermaßen aus:

Vorspeise:	Fette Hühnersuppe mit Ei
Hauptgang:	Rinder- und Schweinebraten mit Kartoffeln, Soße, Mischgemüse oder Rotkohl, Wein
Nachspeise:	Pudding, Zitronenspeise mit Schlagsahne
Kaffee:	Selbstgebackener Blechkuchen (Quark-, Mohn- und Kriemelkuchen - Streusel kuchen), Torte und Napfkuchen Dazu reichte man Bohnen- oder Malzkaffee
Abendbrot:	Frikassee mit Brötchen, kaltes Fleisch und belegte Stullen. Als Getränke waren Bier, Schnaps und Bowle üblich.

Bei Hochzeiten um 1960 war es vielerorts zum Mittagsmahl Usus geworden, nach dem Gebet „Komm Herr Jesus, sei unser Gast" die Hühnersuppe aufzutragen. Es folgte Frikassee mit Brötchen. Der 3. Gang bestand aus Schnitzel, Rouladen, Geflügel oder Wildschwein mit Kartoffeln, Rotkohl oder Mischgemüse.

Frikassee   (Festessen für ca. 12 Personen)

Zutaten: 5 Hähnchen (1,2-1,5 kg), 1 Suppenhuhn, 500 g Gehacktes, 500 g Pfifferlinge, 1 kg Spargel 500 g Butter, 250 g Mehl, $\frac{1}{4}$ l trockenen Weißwein, Saft von 1 Zitrone, 1 Eigelb, Wurzelwerk (Möhren, Porree, Sellerie, Zwiebel)

- am Tag vor dem Fest die Hähnchen und das Suppenhuhn mit Wurzelwerk und Salz abkochen (Suppenhuhn benötigt mehr Zeit als Hähnchen)
- Fleisch und andere Zutaten aus der Brühe entfernen und abkühlen lassen
- das Geflügel von der Pelle und den Knochen befreien, (auch keine Innereien verwenden), klein schneiden und kühl stellen
- den Hackepeter würzen, mit einem Eigelb vermengen
- daumenstarke Klößchen formen und in Salzwasser abkochen (bis sie an der Oberfläche schwimmen)
- aus der Brühe nehmen und kalt stellen

2. Tag
- Mehlschwitze aus 250 g Butter und 250 g Mehl bereiten und ordentlich durchrühren
- nach und nach mit der erkalteten Brühe des Vortages auffüllen und immer wieder aufkochen lassen
- es wird mit soviel Brühe aufgefüllt, daß die Konsistenz etwa wie eine dicke Soße ist
- mit Wein und Zitronensaft abschmecken
- vorsichtig das Fleisch, die Klößchen und Pilze unterheben und durchziehen lassen
- Spargel in Stücke schneiden und bißfest kochen, mit dem Schaumlöffel aus dem Wasser nehmen und abtropfen lassen
- angerichtet wird das Gericht in Schüsseln, der Spargel obenauf getan und mit brauner Butter übergossen

Die Nachspeise bildete Pudding und Kompotte.

Leichte gekaufte Landweine oder selbstgezogene Weine wurden zu jeder Hochzeitsmahlzeit serviert, obwohl den Gästen ein guter Branntwein stets willkommener war.

Weit verbreitet war zu dieser Zeit schon, größere Hochzeiten entweder in der Dorfgaststätte oder in einem städtischen Restaurant zu veranstalten.

Bei den Kindtaufen erhielten die im Taufhaus eintreffenden Paten vor dem Taufgang in die Kirche einen Willkommenstrunk, der meist aus 1 Krug Bier und einem Glas Branntwein bestand. Als Taufessen bereitete man bei kleinen Tauffeierlich-keiten vor allem „Fisch in Spreewaldsoße" mit der dazugehörigen „Gelben Suppe" zu.

Da die Paten zu diesem Fest, ebenso wie zu Hochzeiten, das „Tragen" von Naturalien praktizierten, d.h. Eier, Milch, Quark und Mehl in das Taufhaus trugen, bekamen sie über-wiegend von der „Quarkbabe" (gebackener Quark) einen Teil mit nach Hause. Die Quarkbabe war ein Backwerk aus glei-chen Teilen von Hirse und Quark, der mit Rosinen, Anis, Zucker und Eier durchgeknetet, in eine Schüssel gefüllt und im Backofen gebacken wurde.

Anläßlich einer Beerdigung im Spreewald reichte die hin-terbliebene Familie den engsten Familienmitgliedern und Verwandten vor dem Gang zum Friedhof im Trauerhaus einen kleinen Imbiß aus Butterbrot, Käse und Kaffee.

Zum sogenannten „Fell versaufen" nach der Trauerfeier lud der/die Leidtragende die Trauergäste zu einer bescheidenen Mittagsmahlzeit oder zu Kaffee und Napfkuchen, Branntwein und Braunbier ein.

In neuerer Zeit ist es jedoch üblich, die Trauergäste nach der Beerdigung in ein Restaurant oder Café zu führen, wo Kaffee, Kuchen und Schnaps serviert werden. Längst ist auch die Sitte verlorengegangen, daß ein Platz am Tisch symbolisch für den Verstorbenen freigehalten wird und hier die gleiche Speise wie den übrigen Anwesenden auf den Teller kommt.

Zu kleineren Anlässen stellte man die sogenannten „Kartof-fellatschen" her. Aus gekochten und geriebenen Kartoffeln, die mit Mehl, Eiern und Milch vermengt wurden, knetete die Hausfrau einen Teig, dessen Masse sie wie bei einem Kuchen ausmangelte.

Die in viereckige Stücke geschnittenen Teigteile wurden in der Pfanne mit Butter, Leinöl oder Fett gebacken und anschlie-ßend mit Zucker bestreut.

SPEISEN UND GETRÄNKE ZU FESTEN
IM JAHRESKREISLAUF

DAS erste große Fest im brauchtümlichen Jahreskreislauf ist die Fastnacht (Zapust). „Bevor die ernste Fastenzeit ... beginnt, sucht man sich noch einige Tage hindurch in froher Ausgelassenheit bei reichem Essen und Trinken, Tanzen und Singen auszutoben." A. Frenzel schildert für das Ende des 17. Jahrhunderts, daß weniger an das Fasten gedacht wurde, sondern dieser Brauch in „ein Freß-, Sauf- und Tanzfest" ausuferte.

Während des sogenannten Zamperns (Heischegang), das noch gegenwärtig in der gesamten Niederlausitz üblich ist, erhalten die Zamperleute von den Bewohnern Eier, Speck, Schnaps und Geld.

In früheren Jahren gehörten zu dieser lustigen Gesellschaft die „Wurstbrüder", die auf einer mitgeführten Mistgabel die gespendeten Wurstringe und den Speck aufspießten.

Mit den gezamperten Lebensmitteln veranstalten die Teilnehmer der Fastnacht das Eierkuchenessen (Rührei mit Speck), das hauptsächlich in der Gaststätte durchgeführt wird, in der auch der abendliche Tanz stattfindet. Wenn außerdem im Spreewald Kartoffelsalat und Pfannkuchen zu den Fastnachtsspeisen gehören, haben beide jedoch nicht nur hier eine Tradition.

Pfannkuchen   (A. Pursche)

**10 g Hefe, 1 Tüte Mehl, 250 g Butter,
125 g Margarine, 100 g Zucker, abgeriebene Zitronenschale, Vanillezucker, 4 Eier, Pflaumenmus
- aus den Zutaten einen griffigen Teig bereiten
  runde Kugeln formen und mit Pflaumenmus
  füllen
- zum Backen: Schweineschmalz und etwas Speiseöl
  oder Leinöl
- das Fett muß immer Kochen beim Einlegen der
  Pfannkuchen
- Probe: Holzspeiler in Fett halten, es müssen
  Blasen kommen, dann ist das Fett richtig heiß**

In den Städten führten Kaufleute früher entsprechend der Jahresfeste bestimmte Waren in ihrem Angebot, die sie meistbietend als Empfehlungen in der Presse anpriesen. Der Calauer

Kaufmann W. Lunberg warb z. B. am 18. Februar 1854 mit folgenden Besonderheiten: „Zur Fastnacht empfehle ich Punsch-Essenz und feinen Jamaica-Rum die 3/4 Flasche à 15 sgr., feinen alten Jamaika-Rum", Arac, Grüneberger Wein, feinen „Pecco-Thee mit Blüthen, feinen Souchong- und Imperial-Tee, Vanille, Chocoladen aus der Fabrik von Jordan & Timäus in Dresden – billigst."

Von Jahresbeginn bis kurz vor Ostern verzehrte man sonntags vor allem das selbsteingepökelte Fleisch. Zum Osterfest aber bestanden die Mittagsmahlzeiten entweder aus einem Zickel- oder Lammbraten, oder man schlachtete für das Fest ein bis zwei Hauskaninchen. Zu allen Fleischspeisen bildeten Kartoffeln und Rotkohl die Zuspeise. Für die Kinder halten auch heute noch die Eltern kleine Osterkörbchen mit bunten Ostereiern und Süßigkeiten bereit, die der „Osterhase" im Garten versteckt. Noch bis in die Mitte unseres Jahrhunderts fertigten am „stillen Freitag" (Karfreitag) die Paten bunte oder mit Wachs-Batik-Technik verzierte Ostereier, die von den Patenkindern am Ostersonntag abgeholt wurden. Außerdem erhielten die Kinder eine Ostersemmel oder eine Osterbrezel und ein kleines Geld- oder Sachgeschenk.

Wie dieses Osterfest in den Dörfern des Spreewaldes ehemals begangen wurde, soll ein Schulaufsatz von 1924 verdeutlichen:

Schulaufsatz Nr. 2   **Schuschow, 13.5.24**

Das Osterfest

Am stillen Freitag ist Jesus begraben. Er blieb drei Tage im kühlen Grabe. Am ersten Feiertag ist er wieder auferstanden.

Vier Wochen vor Ostern singen die Mädchen Osterlieder. Am ersten Feiertag gehen die Leute in die Kirche. Dort beten und singen sie. Die Eltern nehmen die Kinder mit.

Mittags gehen sie nach Hause. Dann essen sie das Mittagbrot. Dann zieht die Mutter den Kindern die neuen Kleider an und sie gehen in das nächste Dorf zu ihren Paten. Dort bekommen sie bunte Ostereier.

Der Vater macht eine kleine Grube, dort spielen die Kinder mit den Eiern. Manchmal geht ein Ei entzwei und die Kinder verzehren es gleich.

Zwischen Ostern und Kirmes bereitete die Hausfrau Fleischspeisen aus der hauseigenen Schlachtung oder Fisch in Spreewaldsoße zu.

„Reichmanns Fastmahl duftet besser als Ärmlichs Kirmeskuchen." (Sorb. Sprichwort)

„Reichliches Essen und Trinken, Tanzen und Singen, Bewirtung der zahlreichen Gäste bilden den Hauptinhalt der Kirmes. Es ist das fröhlichste Jahresfest, denn Küche und Keller sind in dieser Jahreszeit des Segens voll." (E. Schneeweis)

Zur Kirmes lud die Landbevölkerung gern die städtische Verwandtschaft ein und reichte ihr Gänsebraten und Rotkohl. Zum Kaffeetrinken hielt man vor allem verschiedene Arten von Blechkuchen als „Kirmeskuchen" bereit. In der Vorweihnachtszeit bildeten Weihnachtsmärkte schon immer beliebte Anlässe, um für das bevorstehende Fest die fehlenden Geschenke oder Süßigkeiten einzukaufen. Auf dem Lübbenauer Weihnachtsmarkt im Jahre 1858 hielten die Händler „ihre Conditoreiwaren, als: Hamburger Zuckerbilder, Liqueur-, Chocoladen-, Conserve-Tragand und Marzipan-Figuren, Wiener- und Mandel-Auflauf, Baisers, Schaum- und Marzipanconfect" sowie „wohlbekannte Pfefferkuchen, als: Nürnberger, Zimmt-, Französische-, Marzipan-, Elisen- und Macaronenkuchen, weißes und braunes Steinpflaster, Pariser Pflastersteine, Spritzkuchen und dergleichen andere feine Sachen" bereit. Auch mehrere Sorten Honigkuchen waren im Angebot.

Am Heiligabend war im ganzen Spreewald der Besuch des Gottesdienstes obligatorisch. In Burg „ … gingen die Wenden, versehen mit einem mächtigen Knust (großes Stück) Kuchen in die Schänken, wo die Alten sich besoffen, die Jungen sich anheiterten, und dann alle stillvergnügt während der Predigt vor sich hinlachten." (W. v. Schulenburg)

Als Heiligabendspeise bereitete man entweder einen Kartoffelsalat aus neunerlei Zutaten oder verspeiste Hering mit Pellkartoffeln. In einigen Spreewalddörfern kochte die Bäuerin am 2. Weihnachtsfeiertag Grütze mit Speckgrieben.

Da an diesem Tage meist das Gesinde die Dienstherrschaft wechselte, bekamen der neuangetretene Knecht oder die Magd ebenfalls dieses Gericht vorgesetzt. Von dieser Mahlzeit abgeleitet, hatte sich die Redewendung herausgebildet: „Der wird seine Grütze nicht ausfressen", was soviel bedeutete, daß das Dienstverhältnis beim Bauern noch vor Jahresende wieder aufgelöst wurde.

Auch die abendliche Mahlzeit zu Silvester bestand vielfach aus Kartoffelsalat. Am Neujahrstag war es wichtig, vor allem quellende Speisen, wie Bohnen, Erbsen, Reis u.ä. zu kochen, weil man glaubte, je besser die Speise beim Kochen quoll, um so mehr Geld kam in dem Jahr ins Haus.

Kartoffelsalat   (R. Winter)
- **1,5 kg Pellkartoffeln, 1 Glas Mayonnaise oder Salatcreme, 250 g Fleischsalat, 1 große geschnittene Zwiebel, 1 Glas Gewürzgurken und 1 Apfel**
- **die gepellten und erkalteten Kartoffeln in kleine Würfel schneiden und mit Salz und Pfeffer würzen**
- **Gewürzgurken, Zwiebel und Apfel ebenfalls würfeln und unter die Kartoffeln mengen**
- **durchziehen lassen**
- **Mayonnaise und Fleischsalat unterheben**
- **sollte der Salat zu „trocken" sein, so hilft es, einen kräftigen Schuß Gurkenlake hinzuzufügen**
- **gut ziehen lassen und mit frischen Kräutern, gekochten Eiern und Tomaten garniert servieren.**

Spreewaldküche um 1935

WASSER, BIER UND PALENC

„KEIN Stoff, den der Mensch oder das Thier, sei es unmittelbar aus der Natur im reinen Zustande, oder verändert in sich aufnimmt, ist als Lebensbedürfniß von größerer Wichtigkeit, als das Wasser."

Abgesehen davon, daß der Spreewald mit seinem reichlichen Wasserreservoire den Menschen bei jahrhundertlangen jährlichen Überschwemmungen die Vernichtung der Feldfrüchte und des Heus brachte, prägen auch heute noch zahlreiche Fließgewässer das Landschaftsbild und die Lebensweise der hier ansässigen Bewohner.

Der Mensch war von jeher darauf bedacht, sich auf verschiedene Art und Weise gesundes Trinkwasser zu beschaffen. Schon in den frühen Siedlungsanlagen der Slawen gewann man das nötige Trinkwasser, in dem hölzerne Brunnen in die Erde getrieben wurden, aus denen man das tägliche Wasser schöpfte. Auch spätere Staatsverwaltungen hielten es mehr oder weniger für ihre Pflicht, für brauchbares Wasser Sorge zu tragen. Noch 1871 gehörte allerdings der Spreewald zu den Landstrichen in Deutschland, in denen es nicht gelungen war, gutes Trinkwasser für die Bewohner zur Verfügung zu stellen. Durch die „Boden- und Wasserverhältnisse des Spreewaldes, wo selbst ganze Dörfer und viele einzelne Etablissements auf den durch zahlreiche Arme der Spree und durch kleinere Fließe gebildeten Inseln umherliegen, und, obschon sie nur auf Wasserstraßen erreichbar sind", hatten sie „dennoch unter dem Mangel guten Trinkwassers schwer zu leiden ...".

Obwohl die Fließe zur Befriedigung des Trinkwasserbedarfs eine unsichere Quelle darstellten, war Ende des vorigen Jahrhunderts die Beschaffenheit des Wassers selbst dafür jedoch geeignet. Allerdings setzte die Gewinnung von Trinkwasser ein tiefes Vordringen in den Grundwasserbereich voraus. Im oberen Wasserbereich waren dagegen lösliche Bestandteile aus den sandigen und moorigen Erdschichten oder aber pflanzliche und tierische Stoffe enthalten. Die Abteilung des Inneren der Königlichen Regierung schätzte 1871 ein:

„Noch schlechter wird das Wasser dadurch, daß aller Unrath aus den im Spreewalde gelegenen Ortschaften durch die Fließe selbst abgeführt wird. Die Jauche aus den Düngergruben, aus

den Abtritten und das schmutzige Haus- und Waschwasser fließen fortwährend in den das Gehöft begrenzenden Flußarm;
selbst die faulenden Leichname verendeter Hausthiere, als
Hunde, Katzen, Schweine nehmen ihren Weg stets in's Wasser,
und schrecken durch ihr Auftauchen so manchen durstigen
Arbeiter oder Reisenden von der ersehnten Erquickung zurück."

Auch die längere Lagerung des Flachses in den Fließen
führte zu erheblichen Beeinträchtigungen der Wasserqualität.

Obgleich seit dem Aufkommen des Fremdenverkehrs im
Spreewald um die Jahrhundertwende bei den Kahnfahrten durch
das ständige Einstoßen des Rudels (Ruderstange) in den mod-
rigen Gewässergrund die Güte des Wassers zusätzlich litt, ent-
nahmen die Bewohner des Dorfes Lehde ihr Brauchwasser noch
bis zur Anlegung einer Wasserleitung 1957 aus den Fließen
und Gräben.

Nach zahlreichen Versuchen um 1860 kam es auch im
Spreewald allgemein nach dem Vorbild der „Amerikanischen
Röhren-Brunnen" oder „Abessinischen Röhren-Brunnen" zur
Anlegung solcher Trinkwasserstellen in Burg. Vorreiter für die
Einführung dieser Brunnen waren vor allem der Geheime
Regierungs-Rath von Werdeck, die „Forstetablissements Schüt-
zenhaus und Kannomühle" (1869) und der Oberförster
Donalies. Mit den Röhrenbrunnen waren nunmehr Vorausset-
zungen für gutes Trinkwasser geschaffen, daß den Spreewäl-
dern „eine dauernde Gesundheit und ein längeres Leben zu
sichern" und „ihren Viehbestand zu kräftigen und zu verbes-
sern ... " versprach.

„HONIG IST DEM GRIESGRAM NICHT SÜSS GENUG"

(Sorb. Sprichwort)

Seit dem 10. Jahrhundert finden sich schriftliche Hinweise
auf die Zeidlerwirtschaft (Imkerei)bei den slawischen Stäm-
men. Es ist deshalb sehr wahrscheinlich, daß der von den
Wildbienen gewonnene Honig genutzt wurde, um Getränke
zu süßen und Met herzustellen. Späterhin wurde Honigbier
gebraut, von dem E. Müller 1921 schwärmt:

„Noch sei eines Getränkes, des Honigbiers, Erwähnung
getan, das man namentlich im Spreewalde herstellt und das als
sehr wohlschmeckend und kräftig gerühmt wird."

Doch nicht nur Honigbier war eine Spezialität der Spreewälder, sondern sie verstanden sich auch ausgezeichnet auf's
Bierbrauen allgemein. Lübbenauer Biere wurden z. B. im 18.
Jahrhundert bis nach Kopenhagen exportiert. Noch heute win-
den sich überall im Spreewald Hopfenranken wild an Bäumen
und Sträuchern empor und lassen ahnen, welch gute Voraussetzungen hier für die Bierbrauerei einstmals vorhanden waren.

Neben dem Vorkommen von wildem Hopfen wurde die-
ser aber auch zielgerichtet angebaut. Außerdem ernteten die
Bauern reichlich selbstangebaute Gerste. Ebenso stand ihnen
Holz im Spreewald ausreichend zur Verfügung.

„So kam es, daß seit Mitte des 17. Jahrhunderts sich fast
jeder Bürger außer seiner übrigen Hantierungen noch auf das
Bierbrauen legte."

In Lübbenau schlossen sich brauberechtigte Bürger zusammen und gründeten eine Braukommune, die sich zwei Brau-
häuser baute und gemeinschaftlich die Braupfannen bewirt-
schaftete. Lübbenauer Bier war zum damaligen Zeitpunkt „teils
Gersten-, teils Weizenbier und hatte vorzügliche Güte". Ein
jeder brauberechtigte Bürger der Stadt hatte entsprechend der
Brauordnung das Recht, sein frisch gebrautes Bier selbst aus-
zuschenken. In Zeiten der Leibeigenschaft verabreichten die
Dienstherrschaften dem Gesinde zu Erntezeiten Wasser oder
Kofent; das heißt, ein „Dünnbier, das ursprünglich Konvent-
bier, Bier der Konventualen oder Klösterbrüder im Gegensatz
zum stärkeren (Herren-) Bier der Patres" war.

Die Haltbarkeit des Bieres war jedoch nicht unbegrenzt möglich. Deshalb hatte man 1854 ein Rezept bei der Hand um:

„Trübes Bier klar zu machen:

Man nimmt das Weiße von 3 Eiern, welches man aber
genau von dem Eiergelb befreien muß, weil sonst in kurzer
Zeit das Bier verderben würde. Es wird ungefähr auf die
Tonne Bier ein halbes Nößel Eiweiß genommen, dieses zu
Schaum gequirlt und in das Faß geschüttet, wo das Bier in
der Zeit von 6 – 12 Stunden klar ist.

Manche nehmen wohl auch geschlemmte Kreide; das
Bier wird sich dadurch auch gleich entsäuern, aber binnen
12 Stunden wieder sauer werden."

In der Lübbenauer Schützenordnung von 1666 hatte der damalige Standesherr festgelegt, daß ein jeder Schützenkönig, soweit er brauberechtigt war, eine Tonne Bier zu spendieren hatte. Verfügte er selbst über kein eigenes Braurecht, mußte das von ihm gespendete Bier auf jeden Fall von der Lübbenauer „Brau-Commune" genommen werden.

Der Preis des Bieres der späteren städtischen Brauerei variierte je nach Geschäftslage und Absatz. So sah sich die Lübbenauer Brau-Verwaltung am 14. Mai 1858 veranlaßt, den Bierpreis „auf 2 Reichstaler, 25 Silbergroschen pro Tonne ... herabzusetzen, wobei das Bier die bisherige Stärke" behielt. In den hiesigen Tageszeitungen priesen vor allem die Kaufleute „Täglich frischen Maitrank" an. Vermutlich handelte es sich dabei um den sogenannten Maibock mit 16% Bockbierstammwürze. Daneben tranken die Spreewälder zu dieser Zeit aber auch schon Kitzinger und Nürnberger, späterhin dann Patzenhofer und Babbener Bier. Letzteres wurde im traditionsreichen Familienbetrieb gebraut, der allerdings 1972 von staatlicher Seite zum Zwangsverkauf gedrängt wurde.

Lübbenauer Bierkrüge

Früher hieß es in Burg, „wenn ein Mädchen die Liebe eines Burschen erlangen wollte, so sollte sie, wenn sie sich zufällig in den Finger schnitt, das Blut in ein Bierglas tropfen lassen, und dies dem Auserwählten reichen." (W.v. Schulenburg)

„Etwas über die Verfälschung der Getränke, die Folgen derselben und die Mittel, sie zu erkennen = Bier

Dem Biere werden sehr viele Zusätze gegeben, theils um den Mangel des Malzes zu ersetzen, theils um den Hopfen zu sparen. Es sind dies gewöhnlich Gegenstände, die eine betörende, berauschende, schlafmachende Eigenschaft haben, als die Fischkörner, die Mohnköpfe, Tabak, Galant, Nies= wurzel und Opium.

Ein solches Bier macht schnell betäubt, schläfrig, dumm, toll, manchmal blind, greift die Nerven heftig an und der davon herrührende Rausch währt lange Zeit. Die Verfälschung des Bieres sind, leider! nur durch eine nähere chemische Unter= suchung zu entdecken."

„DER SCHNAPS IST KEIN ZIMMERMANN UND DOCH BAUT ER BRÜCKEN ZU ALLEN SÜNDEN." (Sorb. Sprichwort)

Im Spreewaldgebiet verstand man sich auch auf die Herstellung stärkerer alkoholischer Getränke. Ob selbstgemachter Wein, Bier oder Schnaps (Palenc), allesamt zählten schon zu den „geistigen Getränken".

Doch nicht jeder durfte sein Produkt öffentlich zum Verkauf anbieten. Auf der Grundlage „der Allerhöchsten Erlasse" von 1835 und 1844 wurde noch 1858 strengstens untersagt, „Spiritus von geringerem Alkoholgehalt als 80 Tralles" ohne polizeiliche Erlaubnis zu verkaufen.

Sprichwörtliche Berühmtheit erlangte in der Niederlausitz der Cottbuser Korn. So heißt es in einer hiesigen Mundart über den Spreewälder: „ ... was giebt am Wut und Zorn - alter Cottbuser Korn." In verschieden großen und kleinen viereckigen, klaren Flaschen mit Korkstöpsel war er bei jedem Kaufmann erhältlich.

Nicht selten führte der überreichliche Schnapsgenuß zu Schlägereien und anderen Ausfälligkeiten in den Familien, die oftmals ein tragisches Ende fanden. Deshalb wurden die Einheimischen schon 1854 in der Presse darüber aufgeklärt, was der berühmte Naturforscher Linné vom Branntwein sagte: „Der Branntwein ist ein starkes Gift für den Menschen, indem er alle Säfte zäh und alle Fleischfasern im Körper steif und spröde macht. So verursacht er alle Zeit Verstopfungen in den Eingeweiden des Menschen ... erhitzt den Leib; noch mehr, macht den Menschen wild und toll, und noch mehr, verdirbt den ganzen Leib und tödtet am Ende.“

Linné bat deshalb die Menschen in seinem Aufsatz, daß „wir unseren wenigen Verstand behalten mögen und uns nicht selbst zu unvernünftigen Thieren machen ...“.

Es trifft noch unbestritten zu: „WAS DU DIR TRUNKEN EIN-BROCKST, MUSST DU NÜCHTERN AUSLÖFFELN.“ (Sorb. Sprichwort)

Branntwein war früher für die Spreewälder nicht nur ein „geistiges“ Getränk, sondern auch eine vielseitig angewandte Volksmedizin. So schnitt man Meerrettich in kleine Würfel, legte sie in Branntwein oder Spiritus ein und ließ alles etwa 3 Wochen stehen. Danach hatte man ein gutes Mittel zu körperlichen Einreibungen bei Gicht und rheumatische Beschwerden im Hause. Die Burger zerkleinerten die Samen der Silberdisteln und vermengten sie mit Kornbranntwein, um damit allerlei körperliche Stechen zu beseitigen. Nicht zuletzt wurde der Hausfrau angeraten, ihrem trunksüchtigen Mann einen Branntwein mit dem Urin einer verprügelten Katze zu reichen, um ihn ein für alle Male von der Trunksucht zu heilen.

Half diese Rezeptur nicht, warf man in die Schnapsflasche lebendige Frösche und stellte diese 24 Stunden auf den Ofen. Die Frösche, die darin starben, mußten auch geharnt haben. Dem Trinker diese Schnapsmischung verabreicht, brachte ihn zum Speien und „manche haben sich schon zu Tode gespien“.

Etwas über die Verfälschung der Getränke, die Folgen derselben und die Mittel, sie zu erkennen = Branntwein

Der Branntwein ist entweder zufällig mit schädlichen Kupfertheilen vermischt, oder absichtlich mit Dingen versetzt, die ihm einen brennenden Geschmack ertheilen und dadurch seine Armuth an Weingeist verstecken sollen.

Was die Kupfertheile anlangt, so kann er diese sehr leicht von der Blase, die von Kupfer ist, bekommen und er verursacht dann manche üble Zufälle. Man kann es sehr leicht entdecken, wenn der Branntwein kupferhaltig ist: man gieße in ein Glas Branntwein etwas Salmiakgeist; die Flüssigkeit wird hell bleiben, wenn der Branntwein rein war, aber schon Kornblumenblau erscheinen, wenn er Kupfer enthält; oder man werfe ein wenig zerfallenen oder gelöschten Kalk darein und rüttle die Vermischung einige Mal. Der Kalk zieht alle Kupfertheile heraus und wird grünlich davon.

Er ist zugleich das beste Mittel, einen solchen Branntwein zu reinigen, ohne ihm eine nachteilige Eigenschaft mitzutheilen, indem er sich im Branntwein nicht auflöst und bei einiger Ruhe bald im Gefäß zu Boden fällt. Wenn der Branntwein rauh und sauer ist, so wird er zugleich durch den Kalk verbessert, süßer und angenehmer."

Ein alter Spreewälder Trinkspruch lautete: „PALEŃC PIŚ. ZEŃSKU BIŚ, ŹIŚI Z OKNOM CHYTAŚ." — „SCHNAPS TRINKEN. DIE FRAU SCHLAGEN. DIE KINDER AUS DEM FENSTER WERFEN."

Wein (A.Rösler)

- entsprechendes Obst (Apfel, Kirsche, Holunder u.a.) durch eine Obstpresse geben oder Obst brühen und durch einen Leinensack ausdrücken
- den so gewonnenen Obstsaft in einen Weinballon füllen (z.B. 15 l Ballon ca. 11 bis 12 l Saft)
- Zuckerlösung herstellen und zugeben, damit die Gärung erfolgen kann
- Weinhefe auflösen und ebenfalls dazugeben
- Ballon mit Wattebausch verschließen
- 3-4 Tage stehen lassen, verkorken und ein mit etwas Wasser gefülltes Weinröhrchen aufsetzen
- mit Knete oder Siegellack den Korken samt Röhrchen abdichten
- 3 Monate stehen lassen
- dann den gebildeten Satz abgießen und wieder mit Zuckerlösung auffüllen
- dabei auch gleich abschmecken und die Zuckerlösung demzufolge herstellen (süßer oder weniger süß)
- der Wein ist nach ca. nach $\frac{1}{2}$ Jahr fertig

Wohl bekomm's.

ÜBERSICHT DER REZEPTE

„IN DER SCHÜSSEL IST'S DEIN, IM MUND IST'S MEIN"

(sorb. Sprichwort)

WAS SONST NOCH AUF DEN TISCH KOMMT

Biersuppe

- die gleiche Menge helles Bier und Malzbier mischen und aufkochen
- in einem anderen Topf die gleiche Menge Milch erhitzen und das Bier in die kochende Milch gießen
- ca. 1 Kaffeetasse Mehl mit klarem Wasser verquirlen und damit die Suppe binden bis sie sämig ist
- kurz aufkochen, mit Zucker und einer Prise Salz abschmecken
- mit Milch verquirltes Ei unterziehen
- mit Rosinen servieren

Pilzsuppe

- frische Pilze verwenden, wie Maronen, Steinpilze, Birkenpilze etc.
- kleinschneiden und in wenig Salzwasser kochen
- mit Fleisch- oder Knochenbrühe auffüllen
- 1 Ei darunterziehen
- mit Salz, Pfeffer, Zitrone und ein wenig Essig abschmecken

Zwiebelsuppe (R. Winter)

- ca. 1 kg Zwiebeln putzten, schneiden (am besten in Ringe) und mit wenig Wasser dünsten
- Butter und Mehl zu einer Schwitze bereiten und diese dazugeben
- das Ganze ergibt einen dicken Brei, der mit Fleisch- oder Knochenbrühe solange aufgefüllt wird, bis die gewünschte Konsistenz erreicht ist
- abschmecken mit Salz und Pfeffer
- wer mag, kann durchaus noch eine gut Messerspitze Schweineschmalz hinzufügen

Holunder- oder Fliedersuppe (Ch. Lehmann-Enders)

- Holundersaft erhitzen, kleine Grießklößchen hinzufügen und kochen lassen.
- vor dem Servieren die Suppe mit 1 Schuß Zitrone und gerösteten Weißbrotwürfeln verfeinern

Kirschsuppe mit Sago (Ch. Lehmann-Enders)

- reife Sauerkirschen nach Bedarf mit Wasser und Zucker leicht aufkochen
- Sago hinzufügen und leicht köcheln, bis das Sago glasig ist, mit 1 Schuß Zitrone die Suppe verfeinern
- statt Sago können auch Grießklößchen beigefügt werden

Bohnensalat

- Bohnen schnippeln und bißfest in Salzwasser mit Bohnenkraut kochen
- Bohnen in eine Schüssel geben und noch warm würzen mit Salz, Pfeffer (schwarz), Zucker, Essig, viel klein geschnittener Zwiebel und einem kräftigen Schuß Leinöl
- man kann auch noch einige ausgelassene Speckwürfel dazugeben

Selleriesalat

- Köpfe bißfest kochen, schälen und in Scheiben oder Stifte schneiden
- Marinade aus Wasser, Salz, Essig, Öl (auch Gewürzöl oder Kräuteröl), Zucker und Zwiebeln fertigen
- das Ganze muß länger ziehen, deshalb immer einen Tag zuvor vorbereiten

Brauner Pflück- und Schnittsalat (A. Rösler)

- 300 g Salat gut waschen und zerschneiden
- mit etwas Salz leicht zusammenfallen lassen
- Marinade aus 1 Eßl. Leinöl, 1 Eßl. Essig und 2-3 Eßl. Zucker sowie Wasser anrühren
- Marinade über den Salat geben und verschiedene Kräuter wie Petersilie, Dillspitzen, Zitronenmellisse u.a. nach Geschmack unterheben

Tomatensalat mit sauren Gurken (R.Winter)

- Tomaten klein schneiden und geschnittene saure Gurken hinzufügen (auf 2/3 Tomaten 1/3 saure Gurken)

- anschließend mit Salz, Pfeffer, kleingeschnittenen Zwiebeln würzen und mit Pflanzenöl und Petersilie verfeinern

Saure Gurken (L. Hänsch)

- Gurken mit Wasser säubern, schichtweise in einen Steinguttopf legen
- Pfefferkraut, Weinblätter, Dill, Kirschblätter hinzufügen und abgekochtes Salzwasser im heißen Zustand über die Gurken gießen
- schon nach 2-3 Tagen sind die Gurken zum Verzehr geeignet

Senfgurken (R. Winter)

- große, reife Gurken schälen, halbieren und das Kernfleisch ausschaben, einsalzen und über Nacht stehen lassen
- die Gurkenstücken nach dem Abtropfen in ein Glas oder einen Topf schichten
- als Gewürze Senfkörner, Estragon, Dill, Basilikum und Thymian oder Zwiebeln und Paprikaschoten hinzugeben
- eine Essiglauge (2 $\frac{1}{2}$ l Wasser, $\frac{1}{2}$ l Essig, 180 g Zucker, 80 g Salz) aufkochen und abgekühlt über die Gurken gießen.
- nach einer Woche die Flüssigkeit abfüllen, nochmals aufkochen und wieder über die Gurken geben
- einen Teller darauf stellen, beschweren, mit einem Tuch abdecken und zubinden.
- nach etwa 5 Tagen sind die Senfgurken fertig.

Hefeplinze (A. Rösler)

- 250 g Mehl, die entsprechende Menge Hefe, 2-3 Eier, $\frac{1}{2}$ Eßl. Zucker, etwas Vanillezucker, Milch und eine Prise Salz
- alle Zutaten verrühren und die Masse 30 min. gehen lassen
- einen Tiegel mit Leinöl auspinseln und einen dünnen Plins von beiden Seiten goldgelb backen
- mit Butter, Zucker und Zimt bestreuen

Kartoffelplinze nach Burger Art (L. Bramer)

- frische Kartoffeln schälen und auf dem Reibeisen
  klein hobeln, mit einer Prise Salz würzen
- ein eisernes Plinzeisen mit Speck einreiben,
  darauf die Kartoffelmasse gießen und von beiden
  Seiten backen
- mit Zucker oder Marmelade bestreichen
  und die Plinze einrollen
- dazu Muckefuck oder Bohnenkaffee reichen

Armer Ritter (A. Pursche)

- Kartoffelbrei, Mehl und ein Ei zu einem glatten
  Teig verrühren
- flache Küchlein formen und in Leinöl von beiden
  Seiten goldgelb braten
- mit Zucker bestreuen

Aal in Aspik (R. Winter)

- ca. 750 g bis 1 kg Aal
- den vorbereiteten Aal mit Salz abreiben und
  in Stücke schneiden
- in 1 l Salzwasser mit ca. 60 ml Essig, Piment- und
  Pfefferkörnern und 1-2 Lorbeerblättern
  10 min. kochen
- die Aalstücke herausnehmen, in einer Schale anordnen
- die Brühe erkalten lassen und durchsaien, danach
  über den Aal geben, mit frischen Kräutern und
  Gewürzgurken garnieren und kalt stellen
- damit die Brühe auch geliert, kann man auch
  2 Blatt Gelantine in die warme Brühe geben

Schmalz

- ca. 1 $\frac{1}{2}$ kg grünen Speck (1 Streifen geränderten
  Speck) für eine große Schüssel
- Speck in kleine Würfel schneiden und auslassen bis
  die kleinen Stücke cross sind
- für die letzten 2 min. $\frac{1}{2}$ Apfel (zerstückelt), geviertelte Zwiebeln, Lorbeer und Piment und Pfefferkörner zugeben

- Gewürze entfernen und die angeschmorten Zwiebeln und Grieben in eine Schüssel geben und erkalten lassen
- für Gewürzschmalz noch Majoran und Thymian in die Schüssel geben
- auf Schwarzbrot gegessen, mit Salz bestreut, dazu saure Gurken oder Senf- oder Gewürzgurken oder saure Bohnen

Leberwurst (R. Winter)

- 250 g Leber, 5 kg Fleisch (1 Dickbein, Schweineschulter und -bauch), 1 kg Zwiebeln, 4 Lorbeerblätter, 10 Gewürzkörner, 1 kl. Päckchen Majoran
- Fleisch, Gewürze und eine Zwiebel kochen
- durch den Fleischwolf drehen, die restlichen Zwiebeln und die Leber dazugeben und gut verrühren
- mit Salz und Pfeffer abschmecken
- einwecken
- wenn nicht eingeweckt wird ca. 2 Stunden auf kleiner Flamme unter ständigem Rühren kochen

Kürbiskompott (R. Winter)

- ca. 500 g Kürbis (nicht sofort nach der Ernte verarbeiten, sondern den Kürbis noch einige Wochen an einem kühlen, luftigen Ort lagern)
- Kürbis in Stücke o. Streifen schneiden und in Wasser bißfest kochen
- abtropfen und in eine Schüssel geben
- 500 g Zucker und eine Messerspitze Ingwer darüberstreuen und über Nacht ziehen lassen
- in ein Sieb geben und abtropfen lassen
- den Saft solange kochen, bis er dick wie Sirup ist und abgekühlt über den Kürbis geben

Eberreschenkompott (Ch. Lehmann-Enders)

- verwendet wird die Zuchtform Sorbus rosina
- reife Beeren mit einer Gabeln von den Stielen befreien, in kaltem Wasser mehrmals gründllich waschen
- danach in vorbereitete saubere Weckgläser schichten

- mit einer dicken Zuckerlösung übergießen
- Gläser fest verschließen und 25 min. bei mäßiger
  Hitze einwecken

Ebereschenmarmelade (M. Conrad)

- Ebereschenbeeren gründlich waschen, zerkleinern
  und mit Zucker und wenig Wasser leicht köcheln
- die eingedickte Breimasse in Gläser füllen,
  die zuvor im heißen Wasserbad erwärmt wurden
- Gläser mit Schraubdeckel luftdicht verschließen

Holundersaft (Ch. Lehmann-Enders)

- Holunderbeeren mit einer Gabel von den Stielen
  abstreifen und mehrmals gründlich waschen
  (Nur ausgereifte Beeren verwenden)
- die gewaschenen Beeren in den Entsafter schütten
  und reichlich Zucker hinzufügen
- 30-40 min. kochen lassen
- anschließend den heißen Saft in vorher gut
  gereinigte und warme Flaschen abfüllen und
  mit einer Gummikappe luftdicht verschließen

Hagebuttentee mit Zitrone (Ch. Lehmann- Enders)

- 1 Eßlöffel getrocknete Hagebutten in 1 Tasse kaltem
  Wasser ansetzen und 12 Stunden zugedeckt stehen-
  lassen
- erhitzen, anschließend durchseien und den Tee mit
  1 Schuß Zitrone und 2 Teelöffel Honig verfeinern

„Pollewanne" (R.Winter)

- Hefeteig von 500 g Mehl zubereiten
- für den Belag: Vanille- oder Sahnepudding von
  1 l Milch kochen, in den abgekühlten, aber warmen
  Pudding $\frac{1}{2}$ Stück Butter, 3-4 Eier und 1 Tüte
  vorgeweichte Rosinen einrühren, die Masse auf
  den gegangenen Hefeteig bringen und bei mittlerer
  Hitze 40 min. backen
- nach dem Backen einen Schokoladenguß aus
  Hartfett, Eiern und Kakao auftragen und
  abkühlen lassen

Schneewittchenkuchen (R.Winter)

Teig:

- 250 g Feinmargarine, 5 Eier, 375 g Mehl,
  1 Pck. Vanillezucker, 375 g Zucker, eine Prise Salz,
  1 Pck. Backpulver
- alle Zutaten nacheinander verrühren und die
  Hälfte des Teiges mit 100 g Kakao unterziehen
- auf das Backblech zunäct den braunen, dann den
  weißen Teig aufbringen
- mit einem Glas gut abgetropfter Sauerkirschen belegen
- bei Mittelhitze 45 min. backen und den Kuchen
  abkühlen lassen

Buttercreme:

- ½ l Milch, 125 g Puderzucker, Salz,
  1 Pck. Vanillepudding, 250-300 g Butter
- den Pudding kochen und auskühlen lassen
- weiche Butter sahnig rühren, löffelweise den Pudding
  unterrühren und den Kuchen bestreichen

  Schokoladenglasur

- 3 Eßl. Kakao, 3 Eßl. Puderzucker, 3 Eßl. Sahne,
  3 Eßl. Rum
- 125 g Hartfett auslassen, abkühlen
- übrige Zutaten verrühren und das Hartfett
  in kleinen Mengen unterrühren
- den Schokoladenguß auf die Buttercreme geben
- mit einer Gabel Verzierungen auftragen
  und abkühlen lassen
- für LPG-Kuchen werden auf die Buttercreme in
  Rum getauchte Butterkekse verteilt und erst dann
  der Schokoladenguß aufgetragen

Quarkspitzen (A. Pursche)

  50 g Margarine, 1 Prise Salz, 125 g Zucker, 3 Eier,
  300 g Quark, 300 g Mehl, ¾ Päckchen Natron
  (oder Backpulver), 1 Päckchen Vanille-Zucker
- Zutaten zu einem Teig verrühren und
  längliche Klöschen formen
- Backen in Schweineschmalz und Speise- oder Leinöl
- das Fett muß beim Einlegen immer Kochen

NOTIZEN / EIGENE REZEPTE

LITERATUR- UND QUELLENVERZEICHNIS

- Behla, Robert: Spreewaldklänge, 1895
- Beschaffung von Trinkwasser im Spreewald, 1871
- Calauer Kreiszeitung von 1839 - 1871
- Die Ernährung im Kriege, 1914, hersgg. v. Ministerium des Innern
- Die Kriegsernährungswirtschaft 1917, hersgg. v. Kriegsernährungsamt
- Fahlisch, Paul: Chronik der Stadt Lübbenau, 1877
- Gleisberg, Hermann: Das kleine Mühlenbuch, 1956
- Gebler, Klaus; Steffen, Erhard: Sagenhaftes Burg, 1994
- Hermann, Joachim: Siedlung, Wirtschaft und gesellschaftliche Verhältnisse
    der slawischen Stämme zwischen Oder/Neisse und Elbe, 1968
- Krausch, Heinz-Dieter: Alte Nutz- und Zierpflanzen in der Niederlausitz, 1992
- Kühn, Engelhard: Der Spreewald und seine Bewohner, 1889
- Leciejewicz, Lech: Jäger, Sammler, Bauer, Handwerker, o. J.
- Lehmann, Christel: Volksmedizin und Aberglauben im Spreewald, 1994
- Lehmann, Christel: Die Hochzeit/Eheschließung unter den Sorben/Wenden
    in der Niederlausitz von 1900 bis zur Gegenwart,
    Manuskript, unveröffentlicht
- Lehmann, Christel: Die Pflege und Weiterentwicklung der sorbischen Fest-
    gestaltung in den zweisprachigen Gemeinden des Oberspreewaldes
    nach 1945, Diplomarbeit, unveröffentlicht
- Lehmann, Christel / Lehmann, Wilfried: Die Fischerei im Spreewald,
    unveröffentlicht
- Lehmann, Rudolf: Geschichte des Markgraftums Niederlausitz, 1937
- Lehmann, Rudolf: Quellen zur Lage der Privatbauern in der Niederlausitz
    im Zeitalter des Absolutismus, 1957
- Mjedowa knižka - Das Honigbüchlein, 1988
- Müller, Ewald: Das Wendenthum in der Niederlausitz, 1921
- Merbach, I. F.: Geschichte der Kreis-Stadt Calau, 1833
- Nedo, Paul: Sorbische Volkskunst, 1968
- von Schulenburg, Willibald: Wendische Volkssagen und Gebräuche
    aus dem Spreewald, 1880
- von Schulenburg, W.: Wendisches Volkstum in Sage, Brauch und Sitte, 1882
- Wochenblatt von Lübbenau von 1900-1944

GRAFIKEN / FOTONACHWEIS

Grafiken: Ute Henschel

Kartoffelernte in Eichow, S. 16: Privatbesitz
Handgeschriebener Brief an Frau Wolff, S. 27: Privatbesitz
Pastellzeichnung „Bäckerei", S. 36: Archiv Spreewald-Museum
Tante Anna, S. 47: Privatbesitz
Aquarell „Spreewaldstube", S. 50: Archiv Spreewald-Museum
Alltägliches Eßgeschirr, S. 55: E. Lungwitz
Spreewälder Küche, S. 61: Privatbesitz
Hochzeitsgesellschaft, S. 70: Reproduktion Ch. Lehmann-Enders
Spreewälder Küche, S. 78: Privatbesitz